KB120319

구로동 헤리티지

지은이 박진서

구로동에서 태어나 24년째 살고 있다. 한국종합예술학교에서 예술경영을 공부하며 다양한 문화 예술 프로젝트에 기획자로 참여했다. 지역을 문화적 관점에서 바라보고 그 속에서 다양성을 발견해 기록하는 일에 관심이 많다. 또 누구보다 단단한 '읽고 쓰는 사람'이 되기 위해 끊임없이 지면을 탐색하며 나아가는 중이다.

저자는 삶터면서 일터, 놀이터였던 구로가 항상 궁금했다. 이 지역에 대해 오해와 편견을 가진 사람은 동네 안팎에 많았다. 자신도 잘 모르거나 엉뚱하게 알고 있는 것투성이였다. 1960~1970년대의 구로는 도시의 변방, 인권의 사각지대인 동시에 수출 경제의 중심, 노동과 민주화 운동의 최전선이었다. 21세기의 구로는 IT와 벤처 산업의 교두보이자 세계화와 다문화의 교차로가 되었다. 과연 구로의 본모습은 어떠한가? 우리에게 남겨 준, 그리고 남겨 줄 유산은 무엇일까?

동네를 누비고 살피고 맛보고 즐길수록 생경한 매혹에 빠져들었다. 때로 노동, 인권, 차별, 다문화 등 한국 사회가 직면한 문제들도 발견할 수 있었다. 그럴 때마다 글을 써서 남겼고, 구로의 새로운 매력과 가능성을 다른 사람들과 나누고 싶었다. 이 책은 그동안 쓴 글들을 다듬어 엮은 것으로, 구로를 향한 저자의 순애보가 담긴 견문록이다.

구로동 헤리티지

ⓒ 박진서, 2023

초판 1쇄 인쇄 2023년 11월 16일 | **초판 1쇄 발행** 2023년 11월 30일

지은이 박진서
펴낸이 이상훈
인문사회팀 최진우 김경훈 **마케팅** 김한성 조재성 박신영 김효진 김애린 오민정
펴낸곳 (주)한겨레엔 www.hanibook.co.kr
등록 2006년 1월 4일 제313-2006-00003호
주소 서울시 마포구 창전로 70(신수동) 화수목빌딩 5층
전화 02-6383-1602~3 **팩스** 02-6383-1610 **대표메일** book@hanien.co.kr
ISBN 979-11-6040-709-9 03300

※ 이 도서는 한국출판문화산업진흥원의 '2023년 우수출판콘텐츠제작 지원 사업' 선정작입니다.

공단과 구디 사이에서 발견한
한국 사회의 내일

구로동 헤리티지

박진서 지음

Gurodong Heritage

한겨레출판

남한 인구가 절반 넘게 모여 사는 서울-수도권은 자본과 권력이 빚어낸 욕망이 한껏 부풀다가 때로 터지곤 하는 초거대 도시다. 수십 층짜리 마천루가 즐비한 서울의 건조 환경에는 더 큰 이윤, 더 높은 권력을 향한 꿈과 집념이 서려 있다. 하지만 도시는 특유한 물리적 건조 환경의 집합임과 동시에 고유한 인간 활동의 중첩이기도 하다. 이 날것의 욕망 공간 속에도 사람들이 살고 의미를 부여하며 만들어 가는 구체적 장소와 활동들이 있기 마련이다. 도시사회학자 리처드 세넷은 《짓기와 거주하기》에서 프랑스어 '빌ville'과 '시테cité'의 용법 차이를 통해 이 두 가지 접근법의 차이를 논한 바 있다.

구로동에서 나고 자란 이 책의 저자 박진서는 오늘날 현대식 고층 건물로 가득 찬 이 지역 건조 환경의 놀라운 변화를 주시하면서, 동시에 그 너머 켜켜이 쌓여 온 인간 활동, 시테의 역사와 현재를 읽는다. 저자는 그 수십 년의 역사 속에서 구로공단, 디지털 단지, 중국인이라는 세 가지

키워드를 뽑아 든다. 이 열쇠 말 속에 초기 산업화에서부터 고도 정보화 사회까지 달려온 한국 사회의 숨 가쁜 질주가, 저임금 노동의 공급국에서 수입국으로의 드라마틱한 변신이 집약되어 있다. 구로동은 한국 현대사의 비밀이다. 사실 구로동은 어디에나 있다. 그리고 저자는 묻는다. 저임금 장시간 노동으로 지친 몸을 벌집에 잠시 누이던 공단 노동자의 처지로부터, 저 화려한 유리 성채의 디지털 단지 속 하청업체 노동자들은 얼마나 달라졌느냐고.

자기 동네를 해부하고 비판하는 저자의 시선이 서늘한데, 지역과 사람에 대한 공감과 연민이 따뜻하다. 스무 살 되던 해 겨울 눈 쌓인 아침, 갓 상경해서 처음으로 혼자 탄 지하철역이 구로공단역이었다. 내 스무 살이 구로동에서 시작됐다. 이 책을 보며 각자의 구로동을 떠올려 보면 좋겠다.

_조형근(사회학자,《키워드로 읽는 불평등 사회》저자)

차례

들어가는 말　나는 내일 어제의 구로를 만난다　·008

1부

24년 토박이의 구로를 잘 안다는 착각

하마터면 디지털동이 될 뻔한 사연　·019

당신의 동네는 어디부터 어디까지입니까　·032

10년이면 강산도, 영화제도 변한다　·043

신도림을 녹색으로 물들인 성 패트릭 씨　·055

구치소가 떠난 자리에서 마천루를 만나다　·068

구로구청이 기억하는 1987년의 그날　·077

2부 공단과 구디에서 일하고 살아가고

미싱(mishin)과 미싱(missing)의 시대 · 091

재봉틀과 키보드의 도시 · 102

6411, 길을 만든 건 언제나 노동자였다 · 117

그 많던 순이는 다 어디로 갔을까 · 128

코로나 시대의 콜센터에서 살아남기 · 139

메이드 인 구로공단과 변방의 문제들 · 153

3부 회색 도시를 넘어 모자이크 도시로

마라탕, 고향의 맛 유행의 맛 · 169

중국에 가지 않아도 본토 요리를 즐기는 방법 · 178

Blood Sibling, 피를 나눈 것처럼 연대하기 · 190

K-콘텐츠가 주입하는 일그러진 구로동 · 200

차별과 혐오는 쓰레기 종량제 봉투에 버리세요 · 212

나가는 말 지금, 여기, 구로동 · 224

나는 내일 어제의
구로를 만난다

저, 구로동 살아요

나는 구로동에 산다. 태어난 순간부터 지금까지 20년이 넘도록 한 번도 다른 곳에서 살아 본 적이 없다. 내게 '우리 동네'는 언제나 구로동이었고, 가장 잘 아는 동네 또한 구로동이었다. 그렇게 구로동은 내 몸과 마음 곳곳에 흔적을 남겼다. 나 또한 구로동 이곳저곳에 흔적을 남기며 지금까지 살아왔다. 내 정체성의 상당 부분을 구성하고 있지만 너무 익숙한 나머지 그러한 사실조차 인식하지 못할 정도다. 나에게 구로동은 그런 동네다.

구로동에 살면서 느끼는 것 중 하나는 바로 동네의 인지도가 상당히 높다는 것이다. 사람들에게 "어느 동네 사세요?"라는 질문을 받을 때면 당연히 "구로동 살아요"라고 답하기 마련인데, 그런 답을 들었을 때 구로동의 존재 자체를 모르는 사람은 많지 않았다. 대부분 "아, 구로동"이라며 아는 체를 하는 반응이 돌아왔다. "구로동이 어디에요?"라고 되묻는 사람은 그다지 많지 않았다. 동네에 대한 구체적인 설명을 할 필요가 없다는 점이 편리하게 느껴질 때도 있었다.

오히려 내 설명보다 상대방의 이야기를 듣게 되는 경우가 더 많았다. 예전에 자신이 구로동에 살았다는 이야기부터 그곳에 살았던 지인의 이야기, 구로동에서 일했던 기억, 구로동을 지나갔거나 미디어에서 구로동을 접했던 경험까지 정말 다채롭다. 홍대나 강남처럼 최신의 트렌드를 주도하는 '핫 플레이스'는 아니지만, 구로동에 대한 사람들의 기억과 이미지는 다양한 방식으로 쌓여 간다.

그 이야기들을 유심히 듣다 보면 일정한 갈래를 발견하게 된다. 특히 이야기의 당사자가 속한 연령과 세대에 따라 도드라지는 특징이 있다. 구로동에 산다는 말에 돌아오는 반응은 크게 세 가지로 나눌 수 있다.

"아, 구로공단?"

　나의 부모님 세대이기도 한, 1960년대 이전에 태어난 분들에게 구로동은 보통 '구로공단'이라는 이미지로 기억된다. 이제 존재하지 않는 공업 단지지만, 아이러니하게도 여전히 가장 많은 이에게 기억되는 이미지다. 처음에는 "아, 네… 그런데 지금은 없어요…"라며 일일이 해명하기도 했는데, 지금은 "네, 맞아요"라고 간결하게 답한다. 어차피 이 대화에서 구로공단의 현존 여부가 중요한 것은 아니니까.

　이들에게 구로동은 산업과 노동의 공간이다. 한때 우리나라 산업화와 경제 성장을 주도했던 공단의 이미지가 이곳에 고스란히 남아 있다. 지금은 공장 대부분이 사라져 '공단'이라는 이름을 사용하지도 않지만 여전히 누군가의 머릿속엔 구로공단이 남아 있다.

　"구로디지털단지 쪽이에요?"

　구로공단과 연속적인 선상에 있는 반응이기도 한데, 앞선 세대보다는 젊지만 나보다는 약간 윗세대인 1980년대생들의 반응이다. 보통 구로디지털단지에서 일해 본 경험이 있거나, 디지털 단지에 밀집되어 있는 IT 산업에 종사하는 사람인 경우가 많다. 구로공단과 마찬가지로 구로디지털단지 역시 구로동에 산업과 노동의 공간이라는 이미지를 부여한다.

서울 시내의 공장들이 사라지면서 구로공단은 구로디지털단지라는 새로운 형태의 산업 단지로 변모했다. 둘은 완전히 달라 보이지만 그 속사정은 상당히 닮아 있다. 아주 비좁은 사무실 안에 수많은 사람이 다닥다닥 모여 생계를 위한 노동을 이어 가고 있기 때문이다.

판교나 상암처럼 좀 더 '핫한' 디지털 산업 단지들이 등장했지만 여전히 구로디지털단지는 건재하다. 이는 현재의 구로동을 상징하는 이미지이자, 구로구가 적극적으로 밀고 있는 이미지이기도 하다. 구로공단이라는 20세기의 이미지에서 벗어나 젊음, 혁신, 첨단과 같은 미래 지향적인 색깔을 불어넣고자 노력 중이다. 하지만 그리 쉽게 변화할지는 알 수 없는 노릇이다. 그보다 앞서, 구로디지털단지가 정말 구로공단으로부터 얼마나 많이 변화했는지도 따져 봐야 한다.

"구로동이면 동네에 중국인 많이 살겠네?"

이건 나와 연령이 비슷한 20~30대들에게서 나오는 반응이다. 아마 미디어의 영향력이 가장 크게 작용하는 세대이니만큼, 대중 매체에 비친 구로동의 이미지가 큰 역할을 했을 터이다. 물론 구로동은 우리나라에서 가장 많은 중국인과 재한 중국 동포* 들이 사는 대표적인 중국인 밀집 지역이다. 국내에서 외국인 거주자 비율이 가장 높은 지역 중 하나로 꼽힐 정도다. 특히 〈청년경찰〉이나 〈범죄도시〉와 같은 영화들은 이러한 이미지를 적극적으로 활용했다. 여러 매체를 통해 구로동은 '중국인 밀집 지역'으로 유명세를 타게 되었다. 구로공단이나 구로디지털단지의 존재가 낯선 세대에게도 구로동이 익숙하게 느껴지는 이유는 이 때문일 것이다.

하지만 대부분의 경우 구로동과 그곳에 거주하는 이민자들은 불쾌하고 혐오적인 방식으로 다뤄진다. 그리고

● 국내에 거주 중인 중국인. 그중에서도 '조선족'을 호칭하는 방식에 대해 의견이 분분하다. 이 책에서는 중국의 소수 민족을 지칭하는 '조선족'이라는 표현 대신 '재미 동포'나 '재일 동포'처럼 혈통을 강조하는 의미의 '재한 중국 동포'로 지칭하는 것이 적절하다고 보는 김윤태(2021)의 주장과 재한동포총연합회의 명칭을 참고하여 '재한(중국) 동포'로 기술한다. (참고: 김윤태, 〈'재한 중국동포'의 정치적 초국가주의 실천과 함의〉, 《중국과중국학》 44호, 2021, 25~56쪽.)

'중국인 밀집 지역'이라는 이미지에는 그러한 부정적인 인상이 고스란히 투영된다. 그래서일까, 구로동에 산다고 했을 때 나의 안전과 지역의 치안을 걱정하는 우려의 말들을 심심찮게 들을 수 있었다. 구로동에 사는 나보다 다른 곳에 사는 이들이 우리 동네의 치안을 더 깊이 걱정한다는 것이 흥미롭게 다가오기도 한다.

이렇듯 구로동에 대한 일반적인 이미지는 '구로공단, 디지털 단지, 중국인'이라는 세 가지 키워드로 정의된다. 셋 다 틀린 말은 아니다. 20세기의 구로동에는 구로공단이 있었고, 21세기에는 디지털 단지로 탈바꿈했으며, 지금의 구로동에는 상당수의 중국인이 살고 있다는 것 모두 사실이니 말이다.

내가 경험한 구로동의 모습도 다르지 않았다. 비록 나는 서울의 전형적인 대단지 아파트에 살고 있지만 어린 시절, 집에서 멀지 않은 곳에 위치한 공장들이 사라지고 거대한 빌딩들이 들어서는 과정을 목격했다. 극히 일부지만 여전히 공장이 남아 있어 그곳을 걷다 보면 빌딩 숲과 공장이 교차하는 독특한 풍경을 마주하기도 한다. 그렇게 들어선 빌딩 중 하나는 잠시나마 내 일터가 되어 주기도 했다. 그리고 유독 중국인과 중국 문화를 접할 일이 많아

다른 이들보다 그러한 문화에 대한 이질감을 더 적게 느끼는 편이다.

익숙한 구로동을 낯설게 산책하기

하지만 이런 식으로 구로동을 떠올리는 것에는 언제나 아쉬움이 남는다. 내가 경험한 구로동에는 분명 그 이상의 무언가가 있다. 앞서 말했던 세 개의 이미지 뒤편에 숨겨진 수많은 이야기와 담론이 존재한다.

이 책은 그 이면에 대한 이야기다. 사람들에게 기억되는 이미지 너머의 구로동과 그 안에서 일하고 살아가는 사람들의 이야기다. "어느 동네 사냐"라는 질문에 "구로동 살아요"라는 짧은 답변과 함께 생략했던 말을 복원하는 과정이자, 익숙하지만 낯설게 동네를 탐험하는 산책기이다.

1부는 구로동에서 살아가는 나와 내 주변의 이야기다. 구로동을 바라보며 무심코 지나쳤던 순간들 속의 이야기를 발견하고자 했다. 구로동의 모습과 그것을 관통하는 이야기에 귀를 기울이며 글을 써 내려갔다. 그리고 그 속에서 내가 체감한 구로동의 과거와 현재, 미래를 담았다.

고정 관념에 가려져 있었던 생동감 넘치는 구로동의 이야기를 만날 수 있을 것이다.

2부는 구로동에서 일을 하고 있거나 과거에 일했던 사람들, 그리고 앞으로 일하게 될 사람들에 대한 이야기다. 세상의 모든 장소는 누군가의 일터다. 구로동도 마찬가지다. 과거의 구로공단에서 오늘날의 디지털 단지로 이어지는 모습을 통해 누군가 구로동에서 흘렸을 땀방울을 기억하려 한다. 더 나아가 구로동을 넘어 세상의 모든 '일하는 사람들'에 대한 이야기이기도 하다. 일터로서의 구로동과 오늘도 그곳에서 고군분투하고 있을 누군가를 생각하며 쓴 글들을 모았다.

3부는 이방인과 소수자에 대한 이야기다. 앞서 언급했듯 구로동은 중국인 밀집 지역으로 알려져 있고 중국인 혐오가 촉발되는 공간이기도 하다. 재한 동포, 범죄자, 인신매매 등 미디어 속의 편견에 가려진 이곳의 진짜 이야기를 담기 위해 다양한 관점으로 구로동의 중국인 커뮤니티를 조명한다. 또 사회적 소수자에 대한 우리의 태도를 돌아보고 모든 구성원을 포용하며 공존하는 연대의 자세를 고민한다.

앞서 말했듯 구로동은 핫 플레이스는 아니지만 인지도

는 높은 오묘한 동네다. SNS에서 사람들의 감성을 사로잡는 동네와는 거리가 멀고, 누군가가 일부러 시간을 내어 찾아오는 동네라고 보기도 어렵다. 그럼에도 불구하고 그토록 많은 이가 구로동의 존재를 알고 있다는 점을 떠올리면 분명 나름의 매력과 색깔이 존재하는 곳임이 틀림없다.

이 책에서는 그런 색깔들을 발견하고 또 선사하고자 했다. 구로동의 다채로운 색깔들이 더 깊이 있는 방식으로 독자들에게 가닿았으면 좋겠다. 구로동에 대한 이야기를 읽다 보면 때로는 재미있고 어떨 때는 설레고 가끔은 예민해지며 때때로 불편할지도 모른다. 그런 복합적인 생각들 속에서 내가 경험한 구로동의 시간들이 온전히 전해져, 자신도 모르는 사이에 구로동에 스며들기를 바란다.

1부

24년 토박이의 구로를 잘 안다는 착각

하마터면 디지털동이
될 뻔한 사연

구로동이 없어진다고?

초등학생 시절이었던 걸로 기억한다. 현재의 도로명 주소가 아닌 지번 주소를 사용하던 때였다. 외출을 하고 돌아오니 엄마가 어이없는 전화를 받았다고 했다. 구로구의회가 의뢰한 여론 조사 업체에서 걸려 온 전화였는데, 어린 내가 들어도 정말 코웃음을 치게 하는 내용이었다.

당시 구로구는 새로운 이미지를 브랜딩하는 과정에 있었던 것 같다. '구로동'이라는 명칭이 외부인들에게 부정적인 이미지를 연상시키니 더 '세련된' 이름으로 바꿔 변화를 꾀하려는 듯 보였다. 이러한 동명 변경을 추진하기에 앞서 구민들의 의견을 수렴한다는 것이 설문 조사의 취지였다.

여기까지만 들어도 충분히 어이가 없었다. '구로'동이 있는 동네여서 '구로'구라는 명칭을 가진 건데, 구로동이라는 이름을 바꾸는 것 자체가 무슨 의미가 있나 싶었다. 이름이 바뀌면 이미지가 좋아질 거라는 생각도 터무니없었고, 동뿐 아니라 구의 이름까지 바꾸지 않으면 아무런 의미가 없다고 생각했다. 구로동이 아닌 다른 이름으로 바뀐다 할지라도 구로구는 여전히 구로구일 테니 말이다.

무엇보다 동네의 이름을 바꾼다고 해서 오랜 시간 사람들에게 쌓여 온 이미지가 바뀔 리 만무하다. ○○동이라는 이름이 구로동의 새로운 명칭이 됐다고 해서 주변인들에게 "저 ○○동 살아요"라고 말해 봤자 돌아오는 질문은 "○○동이 어딘데?"일 것이다. 그리고 내가 가장 먼저 하게 될 답변은 아마 "예전 구로동이요"가 아닐까? 어차피 ○○동이 되어도 구로동은 사람들의 말과 생각 속에서 여전히 살아 있을 것이다.

하지만 이 설문 조사의 어이없음은 여기서 끝나지 않는다. 설문 조사의 본론이라고 할 수 있는 새로운 동네의 명칭이 우리를 더욱 기막히게 했다. 모든 선택지가 다 기억나진 않지만, 가장 충격적인 명칭은 '디지털동'과 '벤처동'이었다. 그냥 이렇게 들으면 우스갯소리로 넘어갈 수도 있겠지만 마냥 그렇게만 볼 수도 없었다. 엄마는 전공과 직업의 특성상 설문 조사의 설계 방식과 원리에 상당한 지식을 가지고 있는 사람인데, 설문 조사 자체가 디지털동과 벤처동에 유리한 방향으로 결과를 유도하는 듯한 느낌을 받았다고 했다.

　디지털동과 벤처동이라는 우스꽝스러운 이름에 진심이라니, 정말이었을까? 아니라고 믿고 싶지만 당시 구로구의 정책 방향을 보면 꽤나 진심인 듯했기에 더 소름이 돋았다. 얼마 전까지 구로구의 브랜드 슬로건은 'Digital GURO(디지털 구로)'였는데 이 카피를 만든 이가 설문 조사 당시의 구청장이었다. 심지어 '디지털 구로'라는 브랜드가 탄생했을 때쯤 구에서 주최한 행사에 참여한 적이 있었는데 그곳에서도 구청장은 '강남 아이들 앞에 가서도 절대 기죽지 말라'며 디지털 구로의 자부심을 역설했다. 그 연설을 보고 감동을 받아 자부심이 넘쳤던 구민들도 있었겠지만, 적어도 난 아니었다. 살면서 한 번도 강남에 열등감을 느낀 적이 없었는데 그걸 느꼈어야 했던 건가.

그때의 설문 조사와 구청장의 연설을 함께 떠올리니 확신이 든다. 그 사람, 정말로 우리 동네를 '구로구 디지털1동', '구로구 벤처3동'으로 바꿔 버렸을지도 모르겠다고. 구청과 구의회가 별도로 선출되는 분리된 권력이라고는 하지만 그들 사이의 의견이 일치할 때 엄청난 추진력을 갖게 될 테니까.

어쨌거나 어이없는 새 이름 후보들은 평소 설문 조사에 잘 응하지 않는 엄마마저 참여해 적극적으로 반대 의사를 밝히게 만들었다. 이런 당혹스러움이 우리 가족만의 감상은 아니었던 것 같다. 설문 조사 결과가 그다지 호의적이지 않았는지 행정동 변경은 본격적인 논의조차 되지 않고 하나의 해프닝으로 끝났다. 그러나 어떻게 생각해 보면 그들의 시도가 성공적이었다고 볼 수도 있다. 이후에 바뀐 구로동의 도로명 주소에는 '디지털로'가 존재하니 말이다.

우리가 이름에 집착하는 이유

이름에 대한 '높은 분'들의 집착 어린 사랑이 그리 놀라운 일은 아니다. 한국에선 어떠한 문제가 발생했을 때, 본질에 접근하기 이전에 명칭부터 바꾸는 것이 일상적이다. 정당들이 선거에 패배할 때마다 새로운 당명을 내세운 쇄신안을 내놓는 것도, 정권 교체가 이뤄질 때마다 업무의 내용은 그대로임에도 부처의 명칭을 바꾼 정부조직법 개정안을 내놓는 것도 너무 익숙하다. "정당의 이름이 가장 자주 바뀌는 나라"라는 자조 섞인 농담도 한낱 우스갯소리로만 들리지 않는다. 단순히 농담이 아니라, 만약 기네스북에 해당 항목이 있다면 우리나라가 보유한 기네스 기록은 한 개 더 추가되었을지 모른다.

   이름, 물론 중요하다. 상대방이 처음으로 마주하는 얼굴이자 그것의 정체성을 함축해 놓은 것이니까. 뿐만 아니라 무언가에 이름을 붙인다는 것 자체가 가지는 사회적 의미도 지대하다. 더 좋은 이름, 더 적합한 이름을 찾기 위해 다양한 시도를 하고 그 과정에서 최적의 이름을 찾아가는 일도 그 나름대로 의미가 있다.

   특히나 사회적 소수자들에게 '이름'은 아주 중요한 문제다. 다수의 입장에서 볼 땐 비슷한 집단에 속해 있어 하나의 이름으로 뭉뚱그려지지만, 실제로는 너무나 다양한 정체성이 하나의 단어 아래 묵살되는 것에 가깝다. 누군가는 언어로 정의되지 못한 자신의 정체성에 혼란을 느끼기도 한다. 역으로 어떠한 이름을 통해 자신의 정체성이 규정되는 것만으로도 이전과는 다른 자존을 경험하기도 한다. 대표적인 사례가 농인(청각 장애인) 부모에게서 태어난 청인(비장애인) 자녀를 지칭하는 '코다CODA, Children of Deaf Adult'라는 표현이 아닐까 싶다. 코다로 성장한 이길보라 감독은 저서 《반짝이는 박수 소리》에서 자신과 같은 정체성을 지칭하는 단어를 처음으로 알게 된 후 자신이 짊어진 부모의 장애가 혼자만의 일이 아니라는 기분을 느꼈다고 말했다. 이름은 단순히 누군가를 지칭하는 것을 넘어 한 사람의 정체성과도 연결되는 문제라는 것이다.

하지만 이것은 어디까지나 자신의 정체성에 대한 치열한 고민과 사투 끝에 명명되는 이름에 대한 이야기다. 그에 반해 이름 하나로 그것이 가진 모든 문제와 한계들이 해결될 거라는 생각은 너무 안일하지 않은가. 심지어 시민들의 자생적인 노력에서 비롯된 '아래로부터의 이름'이 아니라 위정자들의 결정에 의한 '위로부터의 이름'이라니. 진짜 해결해야 하는 문제는 외면한 채 이름으로 눈가림하며 스스로의 만족만을 챙기겠다는 태도로 보일 뿐이다. 정당 이름이 바뀌었다고 해서 정당에 대한 사람들의 인식과 지지율이 변화하지 않듯, 동네 이름만 바뀐다고 해서 동네에 대한 인상이 바뀌진 않는다. 어차피 사람들은 그 정당을 언급할 때 기존의 이름으로 호명할 것이고, 자신이 사는 동네를 설명할 때에도 바뀌기 전의 이름으로 알려 줘야만 다른 이들에게 설명이 가능할 테니 말이다.

　행정동의 명칭을 바꾸려는 것은 구로동만의 일이 아니다. 앞선 설문과 비슷한 시기에 관악구는 행복동, 행운동, 은행동 등의 새로운 행정동으로 개편하기도 했다. 당시 나의 할머니가 거주하시던 아파트가 신림14동에 위치했는데 엘리베이터 공고문을 통해 '행운동'으로 동네 명칭이 변경되었다는 소식을 접했던 기억이 있다. 구로구의 설문 조사가 비슷한 시기였던 것으로 미루어 볼 때 아마 관악구의 사례를 벤치마킹하고 싶었던 것으로 보인다.

　하지만 과연 동네 이름이란 것이 위에서 '하사'하는 형태로 정착될 수 있는지 의문이 든다. 현대의 지방 자치 제도가 행정상 편의를 위해 행정동이라는 제도를 관리하고 있지만, 근본적으로 '동네'는 그곳에 살고 있는 이들에 의해 자연스럽게 형성되는 단위다. 주민들의 염원을 담아 아래로부터 새로운 동네의 이름과 정체성이 정립된다면 모를까, 동네의 본질적 속성을 고려했을 때 위로부터의 이름 짓기는 적합하지 않은 듯 보인다. 아파트 단지 중심의 도시적 생활 양식에서 '동네'라는 커뮤니티가 붕괴해 가고 있다지만 동네는 여전히 주민들의 것이고, 그 정체성 또한 정책권자가 아닌 주민들이 결정하는 것이어야 한다. 아무리 위에서 이름을 지어 붙여도, 주민들 입에서 입으로 오가는 것은 행정적으로 결정된 이름이 아닌 자신에게 익숙한 이름일 가능성이 크다.

도로명 주소를 처음 도입한다고 했을 때에도 사람들의 반응은 매우 부정적이었다. 행정동과 번지 시스템을 반세기 넘게 사용해 왔는데, 도로명이 그 역할을 완벽히 대체할 수 없을 거라고 보았기 때문이다. 심지어 현대적인 주소 시스템이 시작되기 훨씬 이전부터 사용해 온 동네 명칭이 지금까지 전해지는 경우도 적지 않기에, 10년 남짓된 도로명 주소가 앞선 세월의 힘을 이겨 내기란 쉽지 않다. 물론 시간이 지남에 따라 우편과 사무 업무에서는 충분히 자리를 잡았다. 하지만 일상의 영역에선 완전히 다른 문제다. 여전히 우리는 '어디 사느냐'는 질문에 '○○로 ○○길'이 아닌 '○○동'이라고 답한다. 행정에만 도입된 채 일상에는 영향을 끼치지 못한다는 점만 봐도 이와 같은 주소 변경이 사람들의 사고방식과 얼마나 동떨어져 있는가를 단적으로 보여 준다.

이름은 대상의 본질을 온전히 잘 담아낼 때 아름다움과 가치를 갖는다. 대상과 동떨어진 이름은 정체성을 표현하는 데 오히려 방해가 될 뿐이다. 이름을 바꾸는 것 자체로 문제가 되진 않는다. 그러나 진정한 변화와는 무관하게 그럴듯하게 보이고 싶다는 마음 하나로 지은 이름은 세련된 이미지를 가져다주기는커녕 비웃음만 살 뿐이다. 구로동도 마찬가지다. 구로동이라는 이름, 바꿀 수 있다. 하지만 그 이름이 '디지털동', '벤처동'이 된다면 구로동의 이미지가 정말로 한층 업그레이드될까? 아마도 인터넷 커뮤니티에서 돌아다닐 법한 웃음거리가 되었을 것이라 생각한다.

무엇보다 이름을 짓는 것이 가장 쉬운 해결책이라고 생각하는 것이 문제다. 그 대상을 가장 잘 표현하는 이름을 찾는 것은 문제를 근본적으로 해결하는 것만큼이나 어려운 일이다. 새로운 생명이 탄생할 때, 그 아이의 인생과 함께할 가장 좋은 이름을 찾기 위해 보호자들은 머리를 싸매고 고민한다. 수없이 많은 이에게 조언을 구하고 열심히 공부한다. 세 글자(혹은 두 글자나 네 글자, 아니면 그 이상)에 아이의 모든 것을 담으려고 최선을 다해 지혜를 모은

다. 이렇게 어려운 일을 가장 손쉬운 일이라고 생각한다면, 좋은 이름을 만들기 위해 고군분투한 모든 보호자의 노력을 무시하는 것이나 마찬가지다. 오죽하면 이름을 전문적으로 지어 주는 직업이 존재하겠는가.

과연 이름이 문제였을까?

과연 이름이 문제였을까? 가장 쉬워 보이는 해결책이 라서 이름 바꾸기를 선택한 것은 아닐까? 무엇보다 가장 좋은 이름을 찾는 일은 문제의 본질을 발견하고 해결하는 일만큼이나 길고 어려운 과정이란 것을 알고 있었을까? 이름을 바꾸고 싶었을 때, 스스로에게 이 질문을 던졌으면 어땠을까 싶다. 아무것도 변하지 않는데도 불구하고 막대한 돈과 시간을 들여 이름만 바꾸는 수고로움을 조금은 줄일 수 있었을 텐데 말이다.

2020년에 방영된 tvN 드라마 〈스타트업〉에 이런 장면이 나온다. 주인공 서달미(수지 분)는 자기 회사 대주주인 언니 원인재(강한나 분)로부터 세계적인 개발자로 성장한 전 애인 남도산(남주혁 분)을 영입하라는 지시를 받는다. 서달미는 그런 언니에게 '우리 같은 코딱지 회사가 엄청 글로 벌한 곳에서 일하는 남도산을 영입해서 그 친구의 발목을 잡을 수 없다'며 무리한 명령이라 항변한다. 그 말을 들은 달미의 할머니(김해숙 분)는 "너희 회사가 코딱지냐? 네가 대표로 있는 회사는 일하는 사람 발목 잡는 데야?"라고 말한다. 핫도그 장사를 했던 할머니는 핫도그를 사 먹는 사람에게 "우리 핫도그 맛없는데 왜 사 먹어요?"라고 물으면 누가 그 핫도그를 맛있게 먹겠느냐는 말도 덧붙인다. 할머니의 잔소리를 듣고 각성한 서달미는 전 애인을 영입하기 위한 작전에 돌입하고, 결국 영입에 성공해 회사는 물론 구성원들의 성장을 이끌어 낸다. 나는 이 장면을 보면서, 중요한 것은 다른 사람으로부터 평가받는 이름의 '급'이 아니라 내가 가진 '애정'이라는 사실을 깨달을 수 있었다.

구로동의 이미지가 내 마음에 들지 않거나 부끄러울 수 있다. 하지만 구로동에 대해 아무런 선입견이 없는 상대방에게 내가 가지고 있던 부정적인 이미지부터 심어 주면 상대방은 긍정적으로 생각할 겨를도 없이 부끄러운 모습으로 기억하게 될 것이다. 만약 "짜잔, 구로동이 부정적인 이미지를 딛고 디지털동으로 다시 태어납니다!"라고 홍보

했다면, 사람들에게는 구로동의 새로운 명칭보다 '부정적인 이미지의 구로동'이 더 강렬하게 각인되었을 것이다. 게다가 이는 구로동의 부정적인 이미지를 만천하에 선언하는 일이기도 하다.

이름 때문에 부정적 이미지가 생긴다고 불평할 수 있다. 그것으로부터 무작정 도망치고 싶을 수도 있다. 하지만 그건 어디까지나 시민 개개인이 취할 자세다. 이름을 바꾸려고 했던 '높은 분'들은 단순한 개인이 아니다. 구로동의 부정적인 이미지를 만드는 요소들을 개선하기 위해 정책적 노력부터 했어야 한다. 그래서 사람들이 그럴 수 있는 권한과 지위를 부여한 것이 아니겠는가.

구로동에 대한 부정적인 편견들을 바꾸기 위해 가장 먼저 할 일은 구로동을 사랑하고 그 사랑을 적극적으로 표현하는 것이라고 생각한다. 구로동을 아무리 열심히 홍보한다 한들 스스로에게 확신과 애정이 없다면 그 외침을 누가 믿어 주겠는가. 자기 확신이 없는 설득은 공허한 문장으로만 남을 뿐 어느 누구에게도 가닿지 못할 게 분명하다. 잘하는 사람은 좋아하는 사람을 뛰어넘을 수 없다는 말처럼, 제아무리 뛰어난 전문가라 해도 구로동에 대한 열정과 사랑이 가득한 사람만큼 훌륭한 결과를 내놓을 수는 없을 거라 생각한다.

　나는 이 순간에도 구로동에 대한 애정을 담아 글을 쓰고 있다. 물론 이 글이 누군가의 생각을 단번에 바꿔 놓을 것이라 생각하진 않는다. 하지만 구로동을 향한 내 사랑이 단 한 사람에게라도 가닿는다면, 그래서 누군가의 마음을 아주 조금이라도 변화시켰다면 그걸로 충분하다. 누군가의 마음에 애정과 진심의 씨앗이 심어진다면, 그 씨앗이 언젠가는 싹을 틔우고 무럭무럭 자라나 그 사람의 마음속에 굳게 뿌리내릴 테니 말이다.

당신의 동네는
어디부터 어디까지입니까

기억 속 지리와 지도 위 지리

구로동에 대한 책을 써야겠다고 결심하고 가장 먼저 한 일 중 하나가 인터넷 지도로 '구로동'을 검색하는 것이었다. 오랜 경험으로 구로동이라는 공간을 알고는 있었지만 공식적인 영역을 알고 싶었다. 대부분이 그렇겠지만 자신이 살고 있는 동네를 검색해 볼 일은 많지 않다. 한동네에서 태어나 쭉 살아온 사람이라면 더더욱. 이미 내 경험과 감각으로 동네의 모습을 꿰뚫고 있는데 굳이 검색까지 할 필요성을 느끼지 못하기 때문이다. 나도 그랬다.

머릿속으로 구로동의 완전한 지도를 그릴 수 있다고 믿었다.

검색을 통해 알게 된 지도 위의 구로동은 내 생각과 차이가 있었다. 구로동이 1~5동까지 세부적으로 나뉘어 있어서 정확한 모양을 몰랐던 탓도 있지만, 구로동이 아니라고 여겼던 지역까지 구로동에 속해 있었기 때문이다. 특히 시흥IC를 기준으로 서북쪽 방향에 위치한 구로디지털단지를 포함하니, 내가 감각하는 구로동보다 동남쪽으로 더 멀리 뻗어 나가 있었다.

게다가 신도림역의 남쪽이자 도림천의 서쪽 지역은 신도림동의 일부라고 생각해 왔는데 의외로 구로5동이었다. 그곳을 신도림이라고 여긴 것은 어쩌면 당연했다. 신도림역에 인접해 있을 뿐 아니라 그곳에 위치한 아파트들의 이름 앞에는 대부분 '신도림'이 붙어 있기 때문이다. 아마 '구로'라는 이름보다 '신도림'이라는 이름이 집값을 더 높여 줄 것이라는 건설사와 조합원들의 기대에서 비롯된 게 아닐까 추측해 본다.

그렇다고 지도 위의 구로동이 내 머릿속의 구로동보다 넓어지기만 한 것은 아니다. 지금까지 우리 동네라고 생각해 왔지만 구로동이 아닌 곳도 있었다. 구로동에 인접했지만 안양천을 사이에 둔 고척동, 구로동과 금천구 사이에 좁고 길쭉하게 자리 잡은 가리봉동이 대표적이다. 두 곳 모두 구로구에 속했지만 실제로는 구로동이 아닌 별개의 동네였다.

무엇보다 인터넷 지도에 색칠된 구로동의 영역에서 가장 눈에 띄는 건 바로 테두리였다. 북쪽으로는 구로구 신도림동, 서쪽으로는 구로구 고척동과 광명시 철산동, 동남쪽으로는 가산구의 가리봉동, 가산동, 독산동과 관악구 조원동까지. 구로동과 인접한 동네의 경계를 구분하는 결정적인 역할을 하는 것이 바로 철도였다.

구로동은 서울 지하철 1호선과 2호선, 그리고 7호선이 관통한다. 여기서 더 흥미로운 점은 '지하'철이라는 이름이 무색하게 7호선을 제외하면 구로동을 지나는 철도가 대부분 지상에 있다는 것이다. 1호선의 경우 하행선을 기준으로 서울역에서 남영을 지나며 지하철이 지상으로 달리기 시작하는데, 그보다 더 아래쪽에 위치한 구로동의 신도림역, 구로역, 구일역도 지상에 위치한다. 2호선의 경우 신도림까지는 지하로 달리다가 그다음 역인 대림을 향하며 지상으로 올라와 구로디지털단지까지 지상으로, 정확히는 도림천 위쪽 고가 형태의 철로를 달린다.

게다가 1호선은 구로역을 지나면서 인천으로 향하는 경인선과 수원·천안 방면으로 향하는 경부선이 갈라지는 삼거리 형태의 철로가 형성되는데, '구로 삼각선'이라 불리는 이 노선의 구조 때문에 구로동은 마치 철도가 동네를 둘러싼 듯한 형상을 하고 있다.

그리고 구로동에는 차량 기지까지 위치하고 있는데, 그래서 내가 살고 있는 아파트 단지의 오랜 숙원 사업 중 하나가 철도 차량 기지 이전이기도 하다. 그만큼 철도의 영향을 크게 받고 있어서 '기찻길 옆 동네'라고 해도 과언이 아니다. 실제로 동네의 테두리를 따라 산책하다 보면 거대한 렌즈를 장착한 카메라를 들고 언덕에 앉아 철도를 바라보는 이들을 만날 수 있다. 방음벽의 높이보다 조금만 높아도 지하철이 달려오는 모습을 아주 가까이서 볼 수 있기 때문에 철도 마니아들 사이에서 성지로 불리는 것 같다.

정리해 보면, 구로동의 경계는 철로, 안양천과 도림천(위를 지나는 철로), 그리고 도로로 이루어져 있다. 철로와 도로로 만들어진 경계라니, 너무나 도시적이지 않은가. 일반적으로 지역과 지역을 구분하는 경계는 산이나 강 같은 자연물을 바탕으로 구획된다고 알고 있는데, 인공물들로 경계가 나뉘는 게 상당히 도시적으로 느껴진다. 아마 이런 경계가 구로동만의 사례는 아닐 것이다. 서울은 물론 대도시에 위치한 대부분의 동네가 이렇게 자연물이 아닌 것으로 경계를 나눈다. 그럴 수밖에 없는 것이 도시의 운명이기도 하다. 자연물이 있던 자리조차 밀어 버리고 건물과 도로를 만든 게 현대 도시의 시작이었으니 말이다.

구로동과 구로동 사이의 간극

그 경계의 기준만큼이나 나를 당황하게 만든 것은, 내 머릿속에 존재하는 구로동과 지도 위에 그려진 구로동 사이의 간극이 예상보다 훨씬 컸다는 점이다. 하지만 이것이 나만의 감정은 아닐 것이라 생각한다. 자기 동네를 검색하고 지도상에 그려진 정확한 형태를 확인한다면 대부분 의외라고 생각할지 모른다. 행정 구역상 우리 동네가 맞고 구청에서도 우리 동네라고 말하는데, 나는 한 번도 우리 동네라고 여겨 본 적 없는, 그야말로 '동네인 듯 동네 아닌 동네 같은' 동네를 마주하게 될 테니까.

사실 이건 생활과 행정이라는 두 개의 방식이 공존하면

서 생긴 문제다. 주민들은 감각과 경험을 바탕으로 자신의 생활권을 동네의 경계로 여긴다. 단순히 거주지나 학교의 문제가 아니라 말로 설명할 수 없는 '우리 동네'의 느낌이 있다. 그리고 많은 주민이 인지하는 '우리 동네'의 경계가 겹치면서 생겨나는, 암묵적으로 합의된 동네의 경계가 탄생한다. 하지만 행정동은 그렇게 경험적으로 구분되지 않는다. 기존에 존재하는 동네의 구분을 기초로 할 순 있지만 형평성이나 편의성을 고려하지 않을 수 없다. 주민 모두의 삶에 영향을 미치는 제도라는 특성상 암묵적인 방식으로 동네를 구분할 수는 없다. 그래서 아주 명시적인 방식으로 동네를 설정하게 되고 이때 활용되는 것이 도로나 철도처럼 누구든 실제로 확인할 수 있는 시설물이다.

경계의 차이는 머릿속과 지도 사이에서만 존재하는 것이 아니다. 내부인의 머릿속과 외부인의 머릿속에서도 차이는 발생한다. 내가 이 차이를 가장 확실히 느끼는 대상 중 하나가 바로 '대림동'이다. 내가 구로동에 산다고 하면 사람들은 보통 대림동과 구로동을 하나의 동네로 인식하고 대화를 이어 간다. 인접한 동네이기도 하거니와 굳이 사실 관계를 일일이 정정할 필요는 없기에 입 밖으로 꺼

내진 않지만 마음속으로는 계속 생각한다. '거기는 구로동이 아닌데…'

대림역이 구로동인 것은 맞다. 하지만 동시에 대림동이기도 하다. 앞서 언급했던 철도가 대림역을 관통하며 동네를 구분하기 때문이다. 심지어 대림동은 구로구가 아닌 영등포구다. 물론 구로구가 영등포구에서 분리되었긴 하지만 40년도 더 지난 옛날이야기다. 하지만 외부인의 머릿속에서는 같은 동네로 인식된다. 아마 지리적 인접성에 더해 중국인 밀집 지역이라는 이미지가 양쪽에 더해진 탓이 아닐까 짐작한다.

외부인의 입장에서 이와 반대되는 경험을 한 적도 있다. 내가 다니고 있는 학교는 석관동과 이문동에 걸쳐 있는 형태로 건물이 배치되어 있다. 주로 수업을 듣는 건물은 석관동 구역에 있지만 간혹 타과 수업을 들으면 이문동 쪽 문 앞의 마을버스 정류장에서 내려 등교하기도 한다. 대학교에 입학한 지 얼마 안 되었을 때 학교가 어디냐는 외할머니의 물음에 나는 석관동과 이문동 사이 어디쯤이라며 마치 두 지역이 하나의 동네인 것처럼 답했다.

하지만 석관동 부근에 거주했던 경험이 있는 할머니에게는 이해되지 않는 설명이었다. 석관동과 이문동이 어떻게 한 동네냐고 물으셨다. 동네끼리 맞닿아 있으니 그게 그거 아닌가 싶었지만, 할머니의 관점으로는 아니었다. 심지어 구로동과 대림동의 사례처럼 석관동은 성북구, 이문동은 동대문구로 구마저 달랐다. 외부자로서는 알기 어려운 차이였다. 그리고 몇 년간 학교생활을 하며 내부인이 되고 나니 그 차이를 조금은 알 수 있었다. 지리적인 인접성과 행정 구역만으로는 설명할 수 없는, 말로 표현할 수 없지만 감각적으로 느껴지는 미묘한 차이가 있다는 것을. 이제는 석관동 방향으로 등교할 때와 이문동 방향으로 등교할 때 기분이나 마음가짐이 다르게 느껴진다. 학교 사람들과 이야기를 나눠 보면 그런 차이가 비단 나만의 일도 아닌 것 같다.

'나의 구로동'에서 시작하는 이야기

이런 차이들을 떠올리고 나니 글쓰기가 망설여졌다. 내가 감각하는 구로동, 지도 위에 그려진 구로동, 누군가가 감각하는 구로동 사이에서 범위를 대체 어떻게 결정해야 할지 고민이 됐다. 단순히 동네의 범위를 설정하는 것을 넘어 자칫 잘못하면 누군가의 동네를 침범하게 되는 건 아닐까 하는 생각이 들었다. 게다가 내가 쓴 글들 중 일부는 지도상의 구로동을 벗어난 이야기도 있는데, 구로동을 이야기하는 책에 실어도 될까 고민도 되었다.

지도상의 구로동에 맞춰 글을 써 보려고 노력했지만 도무지 글이 나오지 않았다. 쓰고 싶은 이야기들 중 일부는 지도 밖에 존재했고, 지도 안에 존재하는 이야기만으로는 진도를 나가기가 쉽지 않았다. 특히 내 머릿속의 구로동과 지도상 구로동의 교집합이 아닌 부분에서 더더욱 그랬다. 당연했다. 그곳에는 내 이야기가 없으니까. 그렇게 머릿속에서 벗어난 이야기를 쓰려고 하니 교집합에 대한 이야기조차 막히기 시작했다. 이런 식으로 가다가는 더 이상 글을 쓸 수 없을 것이라는 불안감이 밀려왔다.

그래서 결심했다. 내 시간과 경험, 이야기가 묻어 있는 '나의 구로동'에 대해 쓰겠다고. 남들이 보는 구로동의 경계와 조금은 달라지더라도, 누군가는 그곳이 구로동이 아니라 말할지라도, 내가 느껴 왔던 구로동에서의 시간들을 담겠다고. 그렇게 '나의 구로동'에 대해 쓰겠다는 결심은 막혔던 글쓰기의 물꼬를 터 주었다. 그제야 정말 내 이야기를 시작한 것 같은 느낌이었다.

그래서 이 책에서 만나게 될 구로동의 모양은 조금 특별하다. 구로동과 맞닿아 있는 고척동의 일부, 지금은 금천구 가산동이 되었지만 과거엔 구로공단의 일부였던 가산디지털단지, 가산디지털단지와 구로디지털단지를 연결하는 가리봉동 오거리까지. 하나하나 말로 설명할 수 없지만 내가 감각해 왔던 구로동의 이야기를 담았다. 그리고 글을 읽으면서 내가 머릿속에 그리고 있는 구로동을 함께 그려 볼 수 있도록 최선을 다했다.

구로동을 아는 사람이라면, 당신이 그리는 구로동과 내가 그리는 구로동이 어떻게 다른지 비교하며 읽을 수 있을 것이다. 구로동을 모르는 사람이라면, 누군가의 구로동이 어떤 모습인지 생각하며 읽어 주면 좋겠다. 혹시 당신의 구로동과 내 구로동이 충돌한다면, 그것 또한 행정구역이 아닌 각자가 인식하는 동네라는 공간의 매력이 아닐까 생각한다. 누구나 객관적으로 받아들일 수 있는 행정동의 기준에는 없을지라도, 사람마다 다르게 인식하는 경계의 다양함과 그 사이의 역동적인 경합들이 각자의 머릿속에 존재할 테니까.

그러니 이 책을 읽는 모두가 그 차이와 간극에서 오는 짜릿함을 느끼면 좋겠다. 당신의 구로동과 내 구로동, 우리의 구로동이 서로 다른 모습으로 만날 수 있다면, 구로동은 한층 더 다채로운 색깔과 모양으로 풍성해질 수 있을 거라 기대해 본다.

10년이면 강산도,
영화제도 변한다

구로국제어린이영화제의 추억

고등학생 때 구로구청의 청소년구정모니터단 활동을 했었다. 구로구에서 운영하는 다양한 행사나 시설에 한 달에 한 번 이상 방문하고, 청소년 이용자의 관점에서 A4 1~2매 분량의 보고서를 제출하는 활동이었다. 봉사 시간을 인정해 주는 것과 '구정모니터단'이라는 그럴듯한 이름이 입시에 도움이 될지도 모른다는 기대감이 가장 큰 참여 동기였다. '구로구에서 무슨 일이 벌어지고 있는 걸까'라는 일말의 궁금증도 적지 않은 영향을 미쳤다. 모니터단으로 활동한 기간은 1년 남짓이었는데, 그때까지는 전혀 알지 못했고 관심조차 갖지 않았던 구로동의 행사에 성실히 참여했다.

그중 하나가 '서울구로국제어린이영화제GUKIFF(이하 '구로국제어린이영화제')'였다. 매월 말이면 다음 달에 진행되는 행사의 리스트가 제공되고 그중 관심 있는 행사에 선착순 신청을 하는 형태였는데, '영화제'라는 단어가 내 눈길을 사로잡았다. 그때까지 내가 아는 영화제는 뉴스에서 볼 법한 칸영화제나 베니스국제영화제, 부산국제영화제처럼 규모가 엄청난 것들뿐이었기에, 우리 동네에서 영화제를 한다는 사실 자체가 믿어지지 않았다.

머릿속 비교 대상의 스케일이 너무 압도적이었던 탓일까, 기대와 달리 구로국제어린이영화제는 상당히 실망스러웠다. 당시는 3회였던 것으로 기억하는데, 개최 초반이라 그런지 조촐한 분위기였다. 구민회관 대강당 무대에 설치한 스크린으로 각종 애니메이션 영화를 상영했고, 구민회관 로비에는 조촐한 포토 존이 마련되어 있었다. 뉴스나 예능 프로그램에서 볼 법한 레드 카펫과 기립 박수, 시사회 같은 걸 기대했던 나는 간소함이 물씬 풍기는 이 영화제에 흥미를 느끼지 못했다.

남들에게 보여 주려고 구색만 겨우 갖춘 것 같다는 인상과 '이런 행사도 있네'라는 조금 허탈한 마음을 보고서에 담아 제출했다. 그렇게 영화제에 대한 실망스러운 기억은 머릿속에서 조금씩 사라져 갔다. 영화제 시즌이 될 때면 동네 곳곳에 펄럭이는 플래카드만이 영화제의 존재를 상기시켜 줄 뿐이었다.

몇 년이 지난 후 고등학교를 졸업하고 대학생이 되었다. 학교에서 영상을 부전공하게 되면서 조금씩 영화제에 관심을 가졌고 영화제 스태프 활동도 했다. 시기별로 가볼 만한 영화제를 찾아보려고 포털 사이트에 영화제를 검색했는데, 최근 폐막한 영화제 목록에서 구로국제어린이영화제를 발견했다. 그때의 추억을 회상해 볼 겸 영화제 홈페이지에 접속해 보았다. 그런데 몇 년 만에 마주한 어린이영화제는 눈에 띄게 달라져 있었다. 프로그램 구성과 일정은 다채롭고 풍성했으며, 심사 위원이나 홍보 대사 명단에는 영화계에서 주목할 만한 인사가 많았다. 자세히는 몰라도 주최 측에서 꽤나 힘을 준 모양이었다.

솔직히 믿어지지 않았다. 내 기억 속 구로국제어린이영화제는 마을 잔치에 가까운 소규모의 행사였다. 이미 몇 년 전에 개봉했던 애니메이션이나 가족 영화 몇 편을 틀어 주고 '영화제'라고 칭하는, '상영회'라는 표현이 더 적합해 보였으니 말이다.

하지만 일단 섹션 구성부터 그때와 차원이 달랐다. 영화 몇 개의 단일 섹션으로 이루어졌던 과거와 달리 장편 경쟁이나 단편 경쟁, 어린이 감독 섹션처럼 여러 섹션으로 구성되어 있었다. 지역 내 다른 시설을 활용하여 상영관 개수도 많아졌고 각 섹션들도 알차게 채워져 있었다. 무엇보다 놀라웠던 건 장르의 다양성이었다. 가족 영화라 불리는 작품이 많아 한없이 단조로웠던 과거와 달리 애니메이션 종류도 다양했고 어린이나 청소년의 이야기를 만든 다큐멘터리는 물론, 관내 학교 영화 동아리에서 학생들이 직접 만든 영화들도 포함되었다. 영화 팬들 사이에서 좋은 평가를 받은 국내 여타 영화제 수상작도 적지 않았다. '어린이 영화제'라는 이름에 걸맞게 어린이가 관객 혹은 창작자인 다양한 영화를 소개하려고 애쓴 흔적이 역력했다.

영화제를 다녀간 사람들의 후기를 블로그와 SNS에서 검색해 보았다. 물론 나처럼 구정모니터단이나 서포터즈로 활동하며 작성한 홍보성 게시 글도 없지 않았지만 그래도 참여자들의 반응은 긍정적인 편이었다. 어린이를 위한 영화제를 표방한 곳이 많지 않은 만큼 먼 지역에서 찾아오는 이들도 있었다. 부대 행사나 교육 프로그램도 탄탄하게 마련되었는데, 내가 아직 어린이였다면 참여해 보고 싶은 프로그램도 간간이 보였다. 고작 한 번의 경험으로 영화제를 평가 절하하고 무시했던 나의 경솔함이 부끄러워지는 순간이었다.

아이는 어른이 되었고, 행사는 영화제가 되었다

최근 지역 행사의 대세 중 하나는 영화제다. 아시아 최대 규모로 자리 잡은 부산국제영화제의 성공을 벤치마킹하듯 다양한 지자체에서 제각각의 방식으로 영화제를 개최한다. 특히 기존에도 영화 산업의 기반이 어느 정도 마련되어 있던 부산뿐 아니라 부천국제판타스틱영화제나 전주국제영화제, 제천국제음악영화제와 같이 몇몇 지역은 국내 영화 산업의 새로운 중심으로 떠오르기도 했다. 기존의 지역 축제에 비해 젊고 역동적인 이미지를 강조할 수 있다는 점, 국내 영화인들의 활약이 전 세계적으로 주목받고 있다는 점 등이 그 이유라고 할 수 있겠다.

하지만 이런 염원에도 불구하고 대부분의 행사는 고작 한두 회만 개최된 후 사라져 버리곤 한다. 주민들의 취향과 특성, 지역의 규모 등을 고려해 적절한 형태로 기획되어야 하는데, 빠르게 성과를 내야 한다는 압박 속에 과도한 예산을 투입해 화려함만 강조하려 들기 때문이다. 결국 지역에 맞지 않는 행사는 효과를 얻지 못한 채 예산 낭비라는 지적만 받다가 별다른 영양가가 없다는 이유로 개최 중단이라는 결말에 이른다. 규모가 작더라도 그곳에서 자리를 지키며 성장할 수 있는 시간이 필요한데, 그런 순간이 찾아오기도 전에 작별을 고하는 것이다.

뿐만 아니라 우리나라 지방 자치제의 특성상 이러한 행사들의 성공 여부는 지자체장이나 공무원의 역량과 의지에 많은 부분이 달려 있기도 하다. 영화제의 필요성을 명확히 이해하거나 영화제에 대한 지식을 가진 사람이 있다면 성공하지만 그 반대의 경우라면 지속적인 개최가 쉽지 않다. 이렇듯 운영하는 사람 개인의 특성에 기대다 보니 정치적인 영향을 상당히 많이 받는다. 전임 지자체장이 열의를 갖고 추진한 행사가 다른 정당 출신의 후임 지자체장에 의해 폐지되었다는 소식은 놀랍지 않을 정도다. 상황이 이렇다 보니 공무원이나 지역 단체들이 열의를 가지고 추진해도 그런 열정만으로는 행사를 안정적인 궤도에 올리는 것이 어려운 실정이다. 아마 이것이 지역과 맞지 않는 졸속 행사들이 난립하는 가장 큰 이유일 것이다. 여기에 4년마다 돌아오는 지자체장 선거를 대비하기 위해 단기적인 성과를 중시하는 풍토가 더해져, 안정적인 정착을 향한 길도 점점 멀어져 간다.

이런 측면에서 구로국제어린이영화제는 긍정적으로 평가할 만하다. 물론 정확한 내부 사정을 속속들이 알 수 없고, 모든 영화제가 참고할 만한 바이블인 것도 아니다. 모든 축제는 지역 나름의 성공과 실패 요인을 안고 있고, 그것을 판단하는 데 있어 외부인의 시선 못지않게 내부 참여자들의 목소리도 중요하기 때문이다. 그래도 구로국제어린이영화제가 지자체 행사들이 가진 고질적인 문제들에 많은 시사점을 주는 것은 분명해 보인다. 내가 이렇게 생각한 데에는 몇 가지 이유가 있다.

우선 욕심을 덜었다는 점이다. 앞서 말했던 것처럼 지역 실정에 맞지 않는 큰 규모의 문화 행사들은 시작만 화려할 뿐 빠르게 사그라든다. 하지만 구로국제어린이영화제는 나름의 정도를 지킨 셈이다. 물론 어린 시절의 나에게는 그게 너무 조촐하게 느껴졌지만, 그 규모 안에서 얼

마나 많은 주민이 관심을 가지는지 확인한 후 그 방향성
에 따라 규모를 확대해도 전혀 늦지 않다는 것을 보여 줬
다. 잘못된 방향으로 빠르게 가는 것보다 느리더라도 옳
은 방향으로 가는 것이 언제나 더 중요한 법이니 말이다.
가늘고 길게 지속된 구로국제어린이영화제는 여러 영화
제가 뜨고 지는 와중에도 오랜 기간 살아남을 수 있었다.

　그다음으로는 지향점을 명확히 했다. 학교에서 예술경
영을 공부하다 보면 교수님들이 기획 과정에서 강조하
는 것이 있는데, 바로 하나의 기획에는 하나의 주제를 담
으라는 것이다. 《어쩌다 디자인》을 쓴 장영진 디자이너
는 이것을 서랍에 비유해서 설명한다. 사무용품과 주방
용품, 생활용품이 모두 섞여 있는 한 칸짜리 서랍과 각각
의 용도를 나눠 분류된 세 칸짜리 서랍 중 사용자의 만족
도가 높은 건 당연히 후자다. 모든 기능이 섞여 이도저도
아닌 제품이 되는 것보다 한 칸 한 칸의 기능은 제한적이
더라도 깔끔하고 명료한 제품이 훨씬 매력적이기 때문이
다. 기획자의 입장에서는 좋은 것을 모두 전하고 싶은 욕
심 때문에 자주 간과하는 부분이다. 구로국제어린이영화
제는 이 지점을 놓치지 않았다. 무조건 많은 영화를 가져
오는 대신 어린이라는 명확한 타깃을 선정하고 한 우물만

파 왔다. 처음에는 이런 명확성이 확장성을 제약하는 것처럼 보일 수 있지만 지금의 영화제를 보면 어린이 영화뿐 아니라 어린이 감독의 영화, 어린이를 위한 영화 학교까지 폭넓은 프로그램으로 이어졌다. 지향점만 명확하다면 가능성은 언제나 무궁무진해진다.

마지막으로, 꾸준했다는 점이다. 개인적으로 이 부분을 가장 높이 평가하고 싶다. 모든 일이 그렇듯 처음엔 성과가 나지 않을 수 있다. 구로국제어린이영화제도 분명 그런 시간이 있었을 것이다. 이런 행사를 왜 하냐는 비판부터, 나처럼 별 볼 일 없다고 생각했던 구민들의 외면, 그밖에도 다양한 문제가 장애물이 되었을 것이다. 하지만 영화제는 이 시기를 넘어 10년의 시간을 이어 왔고 그 과정에서 어쨌든 성장을 이뤄 냈다. 구로국제어린이영화제는 10회째를 맞은 2022년부터 서울국제어린이영화제로 명칭을 바꾸고 규모도 더 확장했다. 파트너십을 맺은 기관들의 규모와 개수도 확대되었고 구로문화재단 건물 한편에 사무국을 위한 단독 공간도 마련된 듯하다. 그동안의 성과와 가능성을 인정받은 덕분에 영화진흥위원회가 지원하는 영화제 중 하나가 되었다. 예산과 시설 등이 영화제의 모든 것을 말해 줄 수는 없어도 성장세의 상당 부분은 설명해 줄 수 있다고 생각한다. 빠른 결과를 바라며 화려하게 막을 올렸다가 자취도 없이 사라져 버렸던 영화제들 사이에서 10년을 버틴 영화제는 그렇게 새로운 국면을 맞이하게 되었다.

뭐든 10년만 버텨 보라는 말

그리고 이 글을 쓰는 시점에 조금 안타까운 소식을 접했다. 10여 년간 구로구를 지켜 왔던 서울국제어린이영화제가 지금까지의 터전을 떠나 2023년부터 은평구에 새로운 둥지를 틀게 되었다고 한다. 어쩌면 서울국제어린이영화제라는 이름으로 다시 태어난 것이 이러한 변화에 앞선 복선이었을지 모르겠다. 이 소식을 듣고 구로국제어린영화제 사무국으로 활용되었던 건물을 다시 찾았다. 영화제 콘셉트로 꾸며진 건물의 외관은 그대로였지만, 더 이상 영화제를 위한 공간이 아니라는 생각 때문인지 몰라도 전보다 쓸쓸하게 느껴졌다. 막상 그곳에 사람이 드나드는 모습을 본 적도 없으면서 말이다. 어느 곳이든 누군가가 지키며 가꾸는 게 그 공간의 분위기와 온

도를 좌우한다는 걸 다시금 깨닫게 된다. 아무리 화려하고 웅장한 집도 사람이 떠난 채 오래 방치되면 그저 폐가가 되는 것처럼 말이다.

어떤 사연으로 떠나게 되었는지 모르겠지만 이제는 서울국제어린이영화제라는 이름처럼 구로만의 행사를 넘어 서울 시민 모두의, 나아가 영화와 어린이를 사랑하는 모든 사람의 영화제가 되어 더 큰물로 나아가기를 바랄 뿐이다. 언젠가는 서울국제어린이영화제가 세계적으로 손꼽히는 어린이 영화제가 되었으면 좋겠다는 상상을 해 본다. 그런 소식을 접하게 되면 마치 오랜 고향 친구의 성공 스토리를 접한 것처럼 반갑고 감격스러울 것 같다.

사회생활에 대한 조언 중 많이 언급되는 말이, 10년을 버티면 뭐라도 할 수 있다는 말이다. 경력 관리나 진로에 대한 두려움이 있을 때 일단 자신에게 주어진 자리에서 최선을 다하다 보면 나름대로의 성공을 이룬다는 뜻이리라. 솔직히 꼰대 같은 조언이라 여기기도 했고, '요즘 같은 시대에 누가 한 가지 일을 10년씩이나 해'라는 생각도 들었다. 아무리 힘들고 어렵고 부당한 상황이 닥쳐오더라도 무조건 버티기만 하라는 말처럼 들렸기 때문이다.

자신의 자존을 깎아내리는 상황까지 참아 가며 10년을

버틸 필요는 없을지 모른다. 하지만 구로국제어린이영화제의 성장을 보면 10년이라는 시간이 그냥 나온 말은 아니겠다는 생각이 들기도 한다. 결과가 만족스럽지 않더라도, 다른 사람보다 많이 더디고 초라한 것 같아도 일단 무언가를 10년간 이어 가는 것. 꼭 원했던 결과를 이뤄 내는 것이 아닐지라도 꾸준히 지속해 온 그 시간 자체가 엄청난 힘이고 성취가 될 수 있겠다는 용기가 생긴다.

꾸준함을 실천하는 데 가장 방해가 되는 것 중 하나가 화려함이라 생각한다. 나는 이렇게 별 볼 일 없는데 다른 사람들은 화려한 성취를 이뤄 내는 것 같다는 생각이 들면 내가 가는 길에 의심이 생기고 꾸준히 나아가려 했던 길도, 의지도 흔들린다. 하지만 화려함을 이기는 건 결국 꾸준함이다. 화려하게 1회 만에 막을 내린 축제들과 조촐하지만 10회를 이어 온 영화제 중에 결국 살아남은 것은 후자였던 것처럼, 우리도 꾸준하게 나아가다 보면 언젠가 내가 부러워했던 화려함을 넘어서는 순간이 반드시 찾아오리라 믿는다. 그렇게 오늘도 내게 주어진 일을 묵묵히 헤쳐 나간다. 결국에 승자는 나의 꾸준함이 될 거라는 믿음으로.

054

신도림을 녹색으로 물들인
성 패트릭 씨

성 패트릭의 날 축제

2023년 3월의 어느 주말, 과천 국립현대미술관에서 전시를 보던 중이었다. 같은 동네에 사는 친구들이 모여 있는 단톡방의 알림이 울렸다. 신도림역 앞 광장에서 꽤나 성대한 축제가 열리고 있다는 소식이었다. 다른 일정이 있어 신도림역을 지나던 중 발견했고 지하철을 타기 위해 상당한 인파를 헤치고 갔다는 이야기를 덧붙였다.

축제의 이름은 '성 패트릭의 날St. Patrick's Day'이라고 했다. 그 친구도 정확한 이름을 아는 건 아니고 행사장에 붙어 있는 홍보물에서 발견한 것 같았다. 나도 어디선가 들어 본 이름인 것 같았는데 확신은 없었다. 단지 '패트릭'이라는 이름이 익숙하다는 생각이 들었다. 어렸을 때 잠시 성당을 다니면서 패트릭이라는 이름의 성인을 접한 적이 있어서 익숙했는지도 모르겠다. 하지만 그런 축제가 존재한다는 것은 난생처음 알게 되었다.

동네에서 그런 축제를 하고 있다는 사실이 흥미로웠다. 특히 코로나19 팬데믹으로 인한 마스크 착용 의무가 해제된 후 처음 맞는 봄이었던 만큼 그런 축제를 만나는 것 자체가 너무나 오랜만이었다. 그동안 축제의 활기가 고팠던 내 마음을 가득 채워 줄 수 있을 거라는 기대가 생겼다. 축제에 함께하고 싶어져 집으로 돌아가는 길에 신도림역에 들렀다 가기로 결심했다.

신도림역에 도착해서는 친구가 말해 준 광장 방향의 1번 출구로 나왔다. 그곳은 다른 지하철역들과 다르게 반지하 높이에 있는 역과 광장이 수평으로 연결되어 있는 데다, 계단식 좌석들이 중심의 광장을 원형으로 둘러싸고 있다. 공연이나 행사를 하기에 적합한 구조라서 종종 소규모 행사가 열리기도 했다. 개찰구를 빠져나오는 순간 광장에 모인 사람들이 마치 행인들을 구경하는 관객처럼 느껴져

독특한 기분을 느끼게 한다.

개찰구에서 나오자마자 마주한 광경은 초록빛 그 자체였다. 3월의 봄날이 가진 생명력이나 행사장을 가득 메운 어린이들의 생기를 비유하는 말이 아니라 글자 그대로 초록의 물결이 신도림역 광장을 가득 채우고 있었다.

사람들은 대부분 선명한 원색의 초록 옷을 입고 있었다. 티셔츠부터 셔츠, 바지, 치마, 원피스, 모자와 가방 같은 액세서리까지 세상의 초록을 모두 이곳에 모아 둔 것 같은 느낌이었다. 자신이 속한 학교의 초록색 과잠을 입고 있는 사람들도 간간이 보였고, 미처 초록 옷을 챙겨 입지 못한 사람들은 손목이나 가방에 초록색 손수건으로 포인트를 주기도 했다.

비록 자연의 초록은 아니었지만 무색무취가 미덕처럼 여겨지는 빌딩 숲 한복판에서 이토록 초록으로 가득한 모습을 마주한 것은 처음이었다. 코로나 이후 처음 찾은 축제에서 그런 광경을 보게 되니 가슴이 벅차오르기 시작했다. 초록빛을 보고 가슴이 웅장해지는 건 자연의 경치 앞에서나 그러는 건 줄 알았는데, 그날 신도림역을 물들인 초록빛은 나를 설레게 만들기에 충분했다.

무채색에 가까운 옷을 입은 내 모습이 아쉬울 정도였

다. 왠지 나 혼자 이 축제에서 동떨어진 사람처럼 느껴졌기 때문이다. 신도림역 근처 백화점에서 초록색 손수건이라도 구입해야 하나 잠시 망설였다. 하지만 지나가는 행인이라면 누구든 넓은 마음으로 품어 주는 것이 축제의 미덕이 아니겠는가. 지금 내가 입은 옷이 무엇이든 자연스레 축제의 활기찬 분위기에 젖어 들기 시작했고, 마음만은 초록으로 가득한 축제의 일원이 되어 갔다.

익숙한 공간에서 즐기는 이국적 경험

도심 속 초록이라는 풍경만큼 신선했던 건 축제에 참여하는 사람들의 구성이었다. 얼핏 봐도 외국인의 비중이 상당히 높았다. 물론 겉모습만으로 국적을 판단하는 것 자체가 다소 무리가 있지만, 평소 출퇴근하며 오갔던 그곳의 풍경에 비해 상당히 이국적인 모습이었다. 한국어보다 영어가 더 많이 들려왔고, 외국인 중에서도 비교적 주변에서 자주 볼 수 있는 아시아인보다 서구권 사람들이 더 많아 보였다. 일일이 숫자를 세거나 국적을 확인한 것은 아니지만 구로동에 살면서 쉽게 만날 수 없는 인구 구성이라는 점만은 확실했다.

  그런 낯선 풍경 속에서 축제를 둘러보다 보니 축제의 정확한 정체를 알고 싶어졌다. 친구에게 들은 성 패트릭의 날이라는 이름 말고는 그 어떤 정보도 없었다. '성saint'이라는 글자가 붙은 걸로 봐서 크리스트교 계통의 종교 행사일 거라고 짐작할 뿐이었다. 행사장 곳곳의 천막들 중 축제 본부라고 적힌 곳으로 향했다. 본부석에 앉아 있는 스태프들이 친절하게 맞아 주었다. 사실 그들에게 이 축제에 대해 물어볼 수도 있었겠지만, 상당히 낯을 가리는 편인지라 그들의 환대에 미소로 답하며 리플릿 한 장을 조심스레 집어 들고는 빠르게 그곳을 벗어났다. 구석에 앉아 찬찬히 축제에 대한 소개를 읽어 내려갔다. 그리고 마침내 성 패트릭의 날이 어떤 축제인지 알 수 있었다.

  성 패트릭의 날은 매년 3월 17일로, 아일랜드의 수호성인 패트릭(혹은 파트리치오)을 기념하는 날이다. 패트릭 성인은 아일랜드에 로마 가톨릭을 전파한 사람인데, 국민 대다수가 크리스트교 신자인 아일랜드에선 가장 큰 국경일이라고 한다. 척박한 아일랜드를 사람이 살 수 있는 곳으로 만들어 주었다는 전설까지 전해 내려온다고 한다. 그가 삼위일체를 설명할 때 세잎 클로버를 활용했는데 이를 기념하는 의미에서 세잎 클로버가 성인의 상징으로 자리 잡았다. 또 아일랜드를 생명력 가득한 땅으로 만들어 줬다는 감사를 담아 초록색으로 물들인 축제를 개최한다고 한다. 아일랜드에서는 초록색 옷을 입는 것뿐 아니라 건물도 초록색 조명과 래핑으로 치장하고 분수에 초록색 염료를 푸는 등 도시 전체가 초록빛으로 변한단다.

전 세계에 흩어져 있는 아일랜드인들은 이날을 기념하는 축제를 개최하는데 특히 미국, 캐나다, 영국처럼 아일랜드인이 많이 거주하는 나라에서는 이미 그 지역의 축제처럼 자리 잡았다고 한다. 그렇게 나는 서울 한복판에서 난생처음 접한 아일랜드의 국경일을 함께하게 되었다.

아일랜드인들의 축제라는 사실을 알고 나니 더 알차게 즐기고 싶어졌다. 한국에서 워낙 멀리 떨어져 있어서 가 보기 어려운 나라인 만큼 이 기회에 이곳에서라도 그들의 문화를 경험해 봐야겠다고 생각했다. 동네에서 만나는 아일랜드라니, 엄청난 가성비 아니겠는가. 게다가 아일랜드라고 하면 조지 버나드 쇼나 오스카 와일드 같은 작가들의 이름만 접했던 게 전부였는데, 이렇게 몸소 체험해 볼 수 있는 기회가 너무 흥미로웠다.

찬찬히 행사장을 둘러보니 낯설지만 어디선가 얼핏 본

적이 있는 모습들을 발견할 수 있었다. 눈에 가장 띄었던 것은 아일랜드 악기를 배워 보는 부스였다. 더블린을 배경으로 한 영화 〈원스〉와 이 영화를 원작으로 한 동명의 뮤지컬을 봤기 때문에 왠지 모를 반가움도 느껴졌다. 게다가 영국의 식민 지배 이후 영어가 통용되면서 점차 사라지고 있는 아일랜드의 '게일어'를 배울 수 있는 강좌 홍보 부스도 마련되어 있었다.

축제에 빠질 수 없는 전통 음식 부스도 그냥 지나칠 수 없었다. 아일랜드 음식을 경험하기 어려운 만큼 꼭 한번 먹어 보고 싶었다. 하지만 이미 축제의 절정에 이르러 너무 길어진 대기 줄을 보며 아쉬운 마음을 달래야 했다.

아일랜드인의 소문난 축구 사랑도 엿볼 수 있었다. 아일랜드에서는 축구만큼이나, 아일랜드식 축구인 '게일릭 풋볼Gaelic Football'의 인기가 엄청나다고 한다. 그래서인지 행사장 한편에 있던 전 세계의 게일릭 풋볼팀이 한데 모이는 월드컵을 홍보하는 부스가 눈에 들어왔다. 월드컵 홍보뿐 아니라 게일릭 풋볼을 배울 수 있는 아카데미는 물론, 국내 게일릭 풋볼 대표팀에 지원할 수 있는 신청서도 마련되어 있었다.

축제를 가장 축제답게 만들어 주는 요소 중 하나가 바

로 음악 아니겠는가. 예전에 〈나는 가수다〉라는 예능 프로그램에 출연했던 가수 박정현이 '부활'의 〈소나기〉를 아이리시 팝Irish Pop 스타일로 편곡해 경연에 참여한 적이 있었는데, 그 음악에 매료되어 한동안 아이리시 팝을 종종 듣곤 했다. 그래서 아일랜드의 음악이 생소하지는 않았지만 한자리에서 그렇게 오래 들어 보기는 처음이었다. 여러 사람의 입에서 흘러나오는 아일랜드 음악은 너무도 익숙하고 일상적인 신도림역을 순식간에 지구 반대편의 낯선 곳으로 바꿔 버렸다. 마치 이방인이 된 것처럼 느껴지게 만드는 음악의 힘에 경이로움을 느꼈다. 어떤 노래인지, 가사가 무슨 의미인지는 전혀 알 수 없었지만 많은 사람과 한 공간에서 같은 음악을 즐기고 있다는 사실만으로도 왠지 모를 소속감이 들었다.

그런데 한 마디도 알아들을 수 없던 노래 가사가 갑자기 귀에 쏙쏙 들어와 박히기 시작했다. 내면에 억눌렸던 흥이 올라왔는데 한편으로 당황스럽기도 했다. 아일랜드에 가 본 적도 없고 게일어는 물론 아일랜드식 영어를 알턱이 없는 내가 그 노래를 알아들을 리 만무한데 말이다. 아무리 음악이 만국의 공통 언어고, 자신을 외국어에 노출시켜 귀를 트이게 만드는 게 언어 공부법이라고는 하지만 그러기엔 너무 짧은 시간이었다. 가사를 알아듣는 것을 넘어 멜로디를 따라 흥얼거리게 되었고 무의식중에 리듬까지 타고 있었다. 머리로는 '이럴 리가 없는데, 이럴 리가 없는데'라는 생각이 맴돌았지만 몸은 그런 생각과는 상관없이 음악에 점점 젖어 들었다.

마침내 노래의 후렴구가 시작되자 그 이유를 알게 되었다. 내게 너무 익숙한 가사였기 때문이다. "일어나, 일어나, 다시 한번 해 보는 거야. 일어나, 일어나, 봄의 새싹들처럼." 그렇다. 가사를 보고 눈치 챈 사람도 있겠지만 바로 고故 김광석의 대표곡 중 하나인 〈일어나〉였다. 아일랜드인과 한국인이 함께 부르다 보니 발음이 다소 부정확하고 아이리시 팝 스타일로 편곡된지라 단번에 알아챌 순 없었지만 원체 많이 들어 본 노래라 그런지 무의식중에 멜로디와 가사에 반응하고 있었던 것이다.

〈일어나〉를 듣고 나니 한국의 포크송과 아이리시 팝은 닮은 점이 꽤나 많다고 느껴졌다. 기타가 현을 울리는 소리를 중심으로 노래가 전개되는 것도 그렇고, 어쿠스틱한 악기와 목소리의 음색이 조화를 이루는 것도 매력적이었다. 게다가 초록 물결이 가득한 그곳에서 봄의 새싹들처럼 일어나라는 가사를 듣고 있자니, 지구 반대편에서 이주한 이들과 하나가 되는 기분마저 들었다. 음악 안에서는 모두 하나가 된다는 관용적 표현이 어쩌면 진리일지도 모르겠다는 생각을 하게 된 순간이었다.

축제를 통해 연결되고 뒤바뀌는 우리

신도림을 초록빛으로 물들인 성 패트릭의 날은 그동안 내가 잊고 있던 축제의 감각을 일깨워 주었다. 수많은 사람과 내가 연결되어 있음을 확인할 수 있는 순간이 그다지 많지 않은데 축제는 그런 힘을 가졌다. 우리는 지난 몇 년간 팬데믹으로 인한 거리 두기 속에서 축제를 잃어버렸고 서로에 대한 연결의 감각을 잊어 갔다. 물론 적지 않은 축제가 온라인으로 대체되었고 또 메타버스를 활용한 새로운 축제들이 등장했지만 오프라인 축제에서 느낄 수 있는 연결의 감각을 복원하기엔 부족한 것이 사실이다. 하나의 공간에서 함께 호흡하며 느끼는 공기와 온도, 에너지만큼은 바로 그곳에만 존재하는 것이니 말이다.

축제는 다양한 사람이 한 공간에 모여 서로 다른 행위를 즐기면서도 축제라는 거대한 틀 속에서 서로 연결되어 있음을 확인하는 장이다. 어떤 배경을 가졌는지, 그곳을 찾은 이유가 무엇인지는 저마다 다를지 몰라도 축제에 대한 관심과 애정이 있다는 점만은 확실하기 때문이다. 그래서 축제에서는 난생처음 보는 사람일지라도 경계심을 내려놓고 조금은 편안한 마음으로 다가갈 수 있게 된다. 상대방과 내가 최소한 하나의 접점을 가지고 있다는 걸 알고 있기 때문이다. 마치 지구 반대편 아일랜드에서 이주한 사람들과 한국에서 나고 자란 내가 아일랜드식으로 편곡한 〈일어나〉에서 같은 감동을 느꼈던 것처럼 말이다.

축제에서는 다수와 소수가 완전히 뒤바뀌는 경험을 하기도 한다. 성 패트릭의 날만 하더라도, 평소 우리 생활 속에서 아일랜드 출신 사람들은 아주 소수에 해당하고 나를 포함한 한국인들은 다수의 위치를 점하고 있다. 하지만 축제에서는 어떤가? 전국에서 모인 아일랜드인들의 연대 속에서, 그곳을 일상적으로 오가던 나는 오히려 소수의 위치에 놓인다. 그렇게 다수의 위치에 속했던 사람들은 낯섦을 경험하며 소수자가 일상적으로 느끼는 감각을 잠시나마 체감하게 된다.

그렇다고 해서 뒤바뀐 다수가 또 다른 소수를 배척하는 것은 아니다. 축제는 참여자부터 주변을 지나는 행인들까지 누구에게나 열려 있는 포용적인 태도를 보여 준다. 누구든 원하면 자유롭게 축제의 일원이 될 수 있고, 언제든 축제로부터 빠져나와 다시 자신의 일상을 지속할 수 있다.

축제에서 이루어지는 다수와 소수의 전복, 그리고 차이를 감싸 안는 포용적인 태도를 보면서 어쩌면 축제가 우리 사회의 편견을 해소하는 열쇠가 되어 줄지도 모른다고 생각했다. 축제는 누구나 소수자가 될 수 있음을 상기시켜 준다. 참여자들은 그 속에서 다른 사람들과 자연스레 어울리며 서로 다른 문화의 교차와 융합을 경험하고, 자신도 몰랐던 타 집단과의 접점을 발견할 수 있을 것이다.

게다가 이 모든 것을 가르치려 하지 않고 함께 즐긴다는 것 또한 축제의 매력이다. 축제는 지식이나 의무를 강제하지 않는다. 놀이와 예술, 스포츠와 음식 같은 다양한 문화적 방법을 통해 자신의 매력을 어필한다. 사람들은 자신도 모르는 사이에 축제의 재미와 감동 속에 자연스레 녹아들고 다양성과 역동성의 일원이 된다. 그래서 더 강력한 힘을 가지는 것이 아닐까 싶다. 앞으로 더 많은 축제가 등장해 사람들이 편견을 딛고 다양성의 한복판에서 즐길 수 있는 경험을 선사해 줬으면 좋겠다는 희망을 가져 본다.

혹시 3월의 초봄을 이색적으로 즐기고 싶다면 3월 셋째 주 토요일에 신도림역으로 향해 보는 건 어떨까? 서울 한복판에서 지구 반대편으로 떠나는 기분을 느낄 수 있으리라 확신한다. 아는 사람 없이 혼자 가는 게 망설여진다면 전혀 두려워하지 말라는 말도 전하고 싶다. 축제란 원래 누구든지 감싸 주는 포용적인 공간이기에 축제가 가진 빛깔들로 자연스레 당신을 물들여 줄 테니 말이다. 초록색 아이템 하나 없어도 초록 물결에 자연스레 녹아들었던 나처럼, 그 어떤 사람이라도 축제는 분명히 품어 줄 준비가 되어 있을 것이다.

이 글을 읽는 당신과 내가 3월의 신도림역 광장에서 만날 수 있기를 기대해 본다. 참, 그래도 이왕이면 초록색 옷과 함께하기를 바란다. 그곳을 가득 메울 초록 물결에 우리가 자연스레 스며들 수 있도록. 당신과 나, 그리고 우리 모두가 서로에게 스며들 수 있도록.

구치소가 떠난 자리에서
마천루를 만나다

구로동에는 고도 제한이 걸려 있다. 김포공항과 가깝기도 하고 공항으로 향하는 비행기의 항로들이 위치해 있기 때문이다. 국내선 비행기를 타고 서울에 돌아올 때면 꽤나 낮은 상공에서 우리 동네를 볼 수 있어, 정말 집에 도착했다는 안도감이 든다. 반대로 동네에 있으면 비행기가 꽤 낮게 날아서 유심히 보면 어떤 항공사의 비행기인지 알 수 있을 정도다. 때때로 햇볕이 쨍쨍 내리쬐는 한낮에 집에 있다 보면 순간적으로 어두워졌다가 밝아지곤

하는데 비행기가 지나가면서 만들어 낸 그림자 때문이다.

소음도 적지 않다. 물론 공항에 바로 인접한 공항동이나 신월동만큼은 아니겠지만 무시할 만한 소리도 아니다. 소음에 둔한 편인 나도 그렇게 느낄 정도니, 소리에 예민한 사람들에겐 적지 않은 불편일 것이다. 워낙 오랫동안 노출되어 온 내 입장에서는 아주 익숙하지만, 내가 졸업한 우리 동네의 모교에서 수능을 응시한 지인은 자신이 겪은 항공기 소음에 대한 기억을 털어놓기도 했다. 주민들의 민원과 불편함을 의식했는지 정부에서는 '소음 피해 지역'을 지정해 관련 정책들을 시행하고 있다. 몇 해 전부터 동네에 '소음 피해 신고 센터'도 생기고 소음 피해 지역 대학생들을 대상으로 한국공항공사 장학생 신청 자격도 생겼다.

개인적으로 가장 만족스러웠던 혜택은 바로 냉방비 지원이었다. 소음 피해 지역 학교들은 소음 때문에 한여름에도 창문을 여는 것에 제약이 생긴다. 그래서 한국공항공사가 냉방비 예산 중 일부를 지원한다고 들었다. 그 덕분에 나는 타 지역의 학교보다 비교적 냉방이 잘 되는 고등학교에서 생활할 수 있었다. 하지만 기업이 돈을 지원할 정도로 소음 문제가 상당히 심각하구나 하는 생각도 들었다.

　이러한 고도 제한 때문에 이 지역에서는 20층을 넘는 고층 건물을 찾아보기 어렵다. 아파트와 빌딩들의 건축 연한이 오래된 탓도 있겠지만, 아파트는 최대 15층, 정말 높은 한두 채가 18층 정도다. 5층짜리 아파트만 있는 단지도 있다. 주택난 해소라는 목표 아래 엄청난 용적률을 자랑하며 서울 곳곳에 세워진 하늘을 찌를 듯 높이 솟은 고층 아파트는 우리 동네와 관련 없는 얘기일 거라고 생각했다.

　그런데 이런 동네에도 초고층 아파트가 들어섰다. 심지어 구로동보다 더 강력한 규제를 받던 고척동 쪽에 말이다. 아파트가 들어선다는 소문은 들었지만 산책 중 공사 현장을 지나면서 마주한 높이는 상상을 초월했다. 엄청난 높이에 놀란 나머지 층수를 세어 보기도 했는데 너무 높아 쉽게 세어지지 않을 정도였다. 손가락으로 천천히 더듬어 올라가 보았지만 중간중간 놓치기 일쑤였고, 꼭대기가 대체 몇 층인지 가늠하지 못할 정도였다. 몇 번을 시도하다가 결국 층수 세기를 포기하고 검색의 힘을 빌렸다. 45층이라고 했다.

　일단 45층이라는 어마어마한 높이에 놀랐고 그다음에

의구심이 따라왔다. 도대체 이 동네에 저렇게 높은 아파트가 어떻게 들어섰을까? 45층이면 고도 제한 구역 때문이 아니더라도 웬만한 지역에서 찾아보기 힘든 고층 건물인데 허가를 어떻게 받았을까? 아무리 비행기의 항로가 달라지거나 그 건물이 항로에서 비껴 위치한다고 해도, 주변 건물 높이의 두 배를 훌쩍 넘는 건물이 들어선다는 것은 의아했다. 자세히 알아보니 2019년을 기점으로 고도 제한이 완화되었고, 그 마천루는 완화된 규정의 허가치를 최대한으로 적용한 건물이었다.

감옥은 싫지만 감옥 같은 집에서 살고 싶다?

높이만큼이나 그 건물을 낯설어 보이게 한 것은 바로 위치였다. 건물이 지어진 곳은 과거에 구치소가 있던 자리다. 지금은 오류동으로 이전한 서울남부구치소가 10여 년 전까지도 그 자리를 지키고 있었다. 40년 넘도록 자리를 지키던 구치소의 철거가 완료된 시점은 10년도 채 되지 않았다. 구치소가 철거되기 전, 시민 대상의 관람 프로그램을 임시 운영한다는 홍보물을 동네 여기저기서 보았던 기억이 생생하다. 그러나 눈앞에서 구치소가 사라지고 나니 그곳이 구치소 자리였다는 사실은 점차 희미해졌고, 그곳에 들어선 마천루는 그 희미함마저 지워 버리기에 충분했다.

구치소가 사라진 자리에 마천루가 들어선다고 생각하니 더 어색하게 느껴졌다. 주민들이 선호하지 않는 혐오 시설의 대표 사례 중 하나인 구치소 자리에 초고층 아파트가 자리 잡는다는 사실 때문인 것 같다. 어쨌든 그 구치소의 이전도 주민들의 반대가 결정적인 역할을 했을 텐데, 그렇게 '터'를 중시하는 한국의 주거 문화에서 구치소 '터'에 곧장 아파트가 들어선다는 것이 의아했다.

다른 관점으로 생각하면 구치소와 아파트는 닮은 점이 많다. 일단 누군가가 먹고 자는 생활 공간이라는 점이다. 물론 구치소에 있는 이들은 구속된 피의자 신분이지만, 어쨌든 구치소는 그들이 형기 동안 생활하기 위해 만들어진 '집'이다. 여러 사람이 같이 생활하는 공동 공간이며 경비 시스템과 담벼락이 안과 밖을 분리한다.

굳이 내부의 생활까지 파고들지 않더라도, 구치소와 아파트는 외형에서부터 유사한 부분이 많다. 현대의 아파트를 감옥에 비유하는 이가 적지 않은데 이러한 유사성에서 비롯된 것이리라. 아파트나 학교처럼 직선과 사각형의 동일한 공간이 끊임없이 복제되어 나열된 공간은 사실 감옥이 가진 속성에 가깝다. 특히 콘크리트와 시멘트를 주재료로 하고 있어 회색빛과 무채색을 기본 골조로 한다는 점 또한 마찬가지다.

실제로 현대 공동 주택의 많은 공간적 속성이 감옥을 본떴다. 영국의 공리주의 철학자 제러미 벤담Jeremy Bentham이 제시한 감옥인 '파놉티콘Panopticon'의 상상도를 보면 지금의 아파트와 크게 다르지 않다. 시멘트로 된 벽 사이사이의 사각형 공간, 그 공간을 메우는 사람들의 방까지. 감시자의 유무나 외부와의 개방성 정도만 조금 다를 뿐 결국 지금의 아파트와 아주 닮았다. 심지어 최근에는 아파트 곳곳에 CCTV가 설치되어 감시자를 대신하고, 아파트 외벽을 견고하게 쌓아 올린다는 점에서 점점 더 파놉티콘을 닮아 가고 있다는 생각마저 든다.

사실 감옥만큼 효율적인 공간 형태를 찾기도 쉽지 않다. 적은 공간에 많은 죄수를 수용하는 것이 감옥의 책무였다. 도시에서 죄수 수감에 할애할 수 있는 면적은 제한적이기 때문이다. 이러한 효율성 탓에 도시 사람들은 감옥 같다는 사실을 알고도 외면하면서 그런 공간을 더 많이 창출해 간다. 그 누구도 감옥에 가고 싶어 하지 않지만, 감옥 같은 공간에 거주하는 아이러니가 도시 전체를 감싸는 느낌이다.

감옥이 있던 자리에 들어선 마천루는 우리로 하여금 이 사실을 직시하게 만든다. 결국 우리가 사는 이 공간도 감옥에서 비롯된 공간이라는 사실을. 심지어는 구치소 자리에 들어선 아파트를 낯설어하는 나조차도 아파트에 살고 있다. 이렇게 감옥으로부터 시작된 삶의 양식은 아파트라는 형태로 우리의 삶에 녹아들었다. 그 속에 있으면서도 어색함을 느끼지 못할 만큼 자연스럽게 말이다.

하나의 장소를 관통하는 겹겹의 시간

이제 그곳에도 사람이 산다. 구치소가 떠난 지 몇 년 만에 그곳은 다시 누군가의 삶의 터전이 되었다. 사람들이 외면하던 구치소가 오늘날 선망의 대상인 마천루로 다시 태어났다.

구치소 터가 거주 지역으로 재탄생했다는 점 때문에 혹자는 도시 재생의 좋은 예로 언급하기도 한다. 실제로 몇 몇 보도 자료나 선거 공보물에서 이를 자기 업적으로 내세우는 사람들을 보기도 했다. 게다가 그 건물은 고도 제한으로 개발되지 못했던 주변의 낡은 건물 소유주들에게, 고층 아파트를 세울 수 있다는 희망을 선사하는 신호탄이 될 것이다. 주변을 지날 때마다 질 수 없다는 듯 여기저기 걸어 놓은 재개발 플래카드들을 볼 때면 이러한 추측이 나 혼자만의 예상을 넘어 확신으로 변하는 것처럼 느껴진다.

재건축이 시작되면 원래 그곳을 지키던 공구 상가 상인들과 인근 주민들은 터전을 옮겨야 할 것이다. 발단이었던 구치소의 경우 그곳을 떠난 수감자들의 터전은 문제없지만, 앞으로 이어질 거주자들의 주거 이전 문제라면 얘기가 달라진다. 그렇게 누군가가 사라진 자리에 번듯한 아파트가 빽빽이 들어섰을 때 그곳을 흐뭇하게 바라보는 이들도 있을 것이다. 하지만 나는 그곳을 지날 때마다 그곳이 구치소 자리였다는 사실을 떠올리게 된다.

구치소 자리에 들어선 아파트와 그 저층부에 위치한 쇼핑몰은 주민들의 새로운 복합 문화 공간으로 자리매김했다. '코스트코'는 물론 다양한 의류 브랜드가 입점했고 패밀리 레스토랑과 유명 음식점 체인점들도 자리 잡고 있다. 병원과 미술 학원처럼 건강과 교육 서비스를 제공하는 것은 물론, 인근에 있던 구립 도서관도 쇼핑몰 건물 한편으로 이전하며 재개관했다. 야외 농구 코트와 소규모 공유 오피스까지 더해지니 일상의 모든 부분을 책임지는 또 하나의 마을처럼 느껴진다.

하지만 이곳이 마냥 즐거운 공간이기만 한 것은 아니다. 쇼핑몰로 들어가는 초입에 누워 있는 상당한 크기의 기념비 때문이다. '역사의 뒤안길로 사라진 한때 민주화 운동의 상징이었던 기억을 품어 본다'는 구호와 함께 그곳에 수감되었던 고 백기완 소장과 고 김지하 시인, 고 김근태 전 장관과 이부영 전 의원 등의 행적을 기록한 비석이다. 한때 '자유 민주주의를 위협하는 빨갱이'라는 이유로 탄압받았던 이들의 생애와 그들의 투쟁 덕분에 도래한 민주화의 시대, 그리고 그것을 발판으로 세워진 오늘날의 복합 문화 공간인 쇼핑몰까지. 쇼핑몰 입구에 서 있으면 이 모든 시간들이 한눈에 들어온다. 낮게 누워 있는 기념비와 수직으로 높이 선 마천루, 그리고 땅 밑에 남아 있을 구치소의 시간들이. 그런 시간들을 떠올리면 앞으로도 그곳을 마냥 즐거운 마음만으로 지나다니기엔 어렵지 않을까 싶다.

구로구청이 기억하는
1987년의 그날

구로구청을 지나며 생각한 것들

요즘에는 구청에 갈 일이 거의 없다. 우리 집 바로 앞에 동 주민 센터가 있기도 하고, 대부분의 행정 업무는 인터넷으로 대체되었기 때문이다. 주민 센터에는 무인 민원 발급기까지 설치되어 있다 보니 웬만한 서류 발급은 기다릴 필요도 없다.

그럼에도 구청은 역시 구청이던가. 구로동 안에서 이동할 때 적지 않은 동선이 구로구청 앞을 지난다. 책을 빌리고 글을 쓰기 위해 시립 도서관을 방문할 때, 2호선과 7호선을 타기 위해 대림역으로 향할 때, 집에서 가장 가까운 시험장으로 토익 시험을 응시하러 갈 때 등 한 달에 세 번 이상은 그 앞을 지난다고 보면 된다. 마을버스를 타고 가다가 어느새 구청 앞을 지나고 있음을 알아차리는 순간이면 구청이 한 지역의 중심 역할을 한다는 것을 새삼 깨닫게 된다.

구로구청을 지날 때마다 드는 생각은, 정말 낡았다는 것이다. 그것 말고도 다양한 인상을 남기지만 그중에서도 낡았다는 인상이 나를 가장 강렬하게 압도했다. 전국 어디서나 볼 수 있을 법한, 개성이라곤 전혀 없는 사각형과 직선만이 존재하는 상자 같은 건물. 거기에다 원래는 하얀색이었겠지만 지금은 누렇게 바랜 타일이 가지런히 붙어 있다. 구청 못지않게 오래된 구로경찰서가 나란히 붙어 있으니 그런 느낌이 배가되는 것 같다. 구로경찰서는 현재 신도림역 부근 마트 5층에 임시 청사를 두고 자리를 옮긴 탓에 지금 그곳에는 껍데기만 남았다. 그럼에도 구로구청과 구로경찰서는 낡은 건축물의 인상을 공유하며 마이너스 효과를 유발하는 듯 보인다.

구로구청 건물은 보기에만 그런 것이 아니라 지자체의 청사들 중에서 실제로도 오래된 편에 속한다. 구로구청의 본청사는 1981년에 지어졌는데 서울 시내, 나아가 전국 적으로 보더라도 40년 이상 같은 건물을 청사로 사용하는 곳이 흔치 않다. 수백 년 넘은 건물에 여전히 자리를 지키 는 해외 관청들에 비하면 아주 새 건물이지만, 재건축과 리모델링이 빈번한 국내에서 40년짜리 건축물은 구형에 속한다. 어느 청사에나 있을 법한 지하 주차장도 없다. 하 얀색 페인트로 칸이 그려진 지상 주차장이 전부다. 그래 서 평일 낮 점심시간처럼 사람이 몰리는 시간대에 구청에 가면 주차 공간을 찾는 것이 쉽지 않다.

나는 어설프게 지어진 새 건물보단 기존 건물을 사용하 는 것이 낫다고 생각하는 사람이지만 그래도 의아하긴 했 다. 다른 지자체 곳곳을 지나다 보면 SF 영화 속 우주 도시 를 닮은 화려한 청사를 어렵지 않게 만날 수 있다. 시군구 단위의 청사가 시도 단위 청사보다 웅장하게 지어진 경우 도 있다. 지방 의회나 문예 회관 등을 겸하고 있다지만 지 역 여건이나 상황을 고려하지 않은 보여 주기식 행정의 '끝판왕'처럼 보인다. 저소득층 비중이 높은 주택가 바로 옆에 호화로운 행정 타운을 조성해 위화감을 자아낸다거 나, 전통을 살린답시고 사용한 기와가 알고 보니 정체불 명의 일본풍 양식이더라는 사례처럼 말이다.

특히 지방 자치제가 실시된 이후에는 지자체 브랜드 상승, 혹은 민선 단체장들의 업적을 과시하기 위한 사업으로 청사 리모델링이나 재건축이 빈번히 이루어졌다. 지자체 형편에 맞지 않는 호화로운 청사가 비리나 부채 등의 문제를 일으킨 사례도 어렵지 않게 찾아볼 수 있다. 그런 와중에 구로구청은 대대적인 리모델링조차 하지 않았다. 건물의 환경을 개선하기 위한 보수 공사는 계속 진행되어 왔겠지만 눈에 띄는 변화는 전무한 수준이었다. 약간 떨어진 거리에 구의회 겸 아트 센터로 사용되는 번듯한 통유리 건물, 그리고 경찰서와 공유하는 별관을 짓기도 했지만 본청사에는 변화가 보이지 않았다.

구로구청장이 검소한 편인가 하고 잠시 생각하기도 했다. 자신의 사비를 들이는 것도 아니고 구의 예산을 사용하는 일에 검소하다는 형용사를 붙이는 것이 적절한지는 모르겠지만. 다른 지자체장들은 자신의 업적 사업을 위해 멀쩡한 청사도 다시 짓는 경우가 많았기 때문이다. 업적 때문이 아니더라도 건설 사업에는 언제나 큰돈이 따라오는 만큼 관련 비리나 리베이트에 대한 뉴스들도 심심찮게 들려온다. 하지만 그렇다고 하기에는 전전임과 전임 구청장은 각각 아트 센터를 겸하는 구의회와 구청 별관을 번

듯하게 지어 올렸다. 그래서 부지나 예산 문제가 쉽게 해결되지 않을 거라는 추측을 하기도 했다.

구로구청 점거 농성 사건

하지만 공사 중인 구로구청을 바라보는 부모님의 생각은 조금 달랐다. 나의 부모님은 20대 시절 민주화 운동을 경험한, 그 이름도 유명한 '86세대'다. 특히 엄마는 내가 어렸을 때부터 종종 구로구청에 대한 이야기를 꺼내곤 했다. 그곳에서 얼마나 큰 사건이 일어났는지, 얼마나 많은 사람이 그곳을 지키며 투쟁했는지 설명해 주셨다. '그 사건'은 바로 1987년 12월에 벌어졌던 '구로구청 점거 농성 사건'이다.

민주화 운동이 정확히 무엇인지도 몰랐던 시절부터 들었던 '그 사건'의 정체를 알게 된 것은 중학교 역사 시간이었다. 구로구청 점거 농성 사건이 역사 교과서에 그렇게 구체적으로 등장하거나 언급되는 것은 아니다. 무수한 사건들을 동일한 중요도로 다루기엔 교과서에도 지면의 한계가 있기 때문이리라. 하지만 자신이 살고 있는 동네의

이름이 역사 교과서에 나오는 것도 흔한 일은 아니다 보
니 나에겐 꽤 신기한 경험이었다. 그래서인지 본문이 아
닌 구석의 각주로 달려 있었음에도 불구하고 그 설명에
눈길이 갔다. 당시 역사 선생님도 구로동에 사는 사람이
라면 더 흥미를 느낄 것이라고 생각했는지 더 구체적으로
설명해 주셨다.

 같은 해에 일어난 6월 항쟁처럼 잘 알려지진 않았지만
2만 명 이상이 참여해 1000여 명이 체포되고 184명가량
이 구속된, 꽤 치열한 현장이었다고 한다. 당시 치러진 대
통령 선거 과정에서 구로구청에 이송된 투표함 일부의 잠
금 장치가 개표 시작 전에 해제되어 있던 것이 발단이었
다. 시민들로 구성된 공정선거감시단은 투표함이 노태우
의 당선을 위해 바꿔치기 되었다고 주장하며 투표함을 개
봉할 수 없도록 구로구청을 점거했다. 치열한 농성과 진
압 끝에 해당 투표함은 선거 당락에 영향을 주지 못한다
는 결론이 나며 결국 개표되지 않았고, 이후 30년 가까운
세월 동안 선관위 수장고에 보관되었다.

 당시 대통령 선거의 결과는 군부 정권의 일원인 노태우
의 당선이었다. 시민들의 끝없는 민주화 운동으로 이루어
진 직선제의 결과치고는 너무도 허무하지만, 민주화 운동

의 양대 산맥이었던 김영삼과 김대중이 각자 출마했기에 어찌 보면 당연한 결과였다. 민주화의 결과가 결국 군부 정권의 연장으로 이어진 아이러니한 현실에, 1991년 3당 합당 등 정치 지형이 재편되는 일련의 사건들이 더해져 한국의 민주주의는 오묘한 형태로 발전했다. 그 여파로 인해 지금까지 지역주의와 양당 정치의 폐해로 골머리를 앓고 있는 것이 우리의 현실이다.

엄마가 구로구청에 대해 이런 이야기를 하는 건 그 시대를 기억하는 당신만의 방식일지도 모른다. "그때는 내가 구로동에 살게 될 거라곤 상상도 못 했는데…"라며 웃어넘기는 엄마의 말은 독재 정권과 민주화 운동이 먼 과거의 이야기가 아니라는 점을 새삼 깨닫게 한다. 그날을 기억하는 이들이 여전히 건재하고, 그날의 현장이 우뚝 서서 지금도 그 자리를 지키는 것처럼 말이다. 지금은 너무도 자연스러운 일상이 되어 버린 민주주의처럼 민주화의 흔적이 우리 곁에 남아 있다는 기분이 들기도 한다.

1987년에 개봉되지 못한 투표함은 29년이 지난 2016년이 되어서야 개표가 진행되었다. 중앙선관위가 한국정치학회의 참관하에 진행한 것인데, 당시 정치학회 회장은 이 이벤트를 통해 과거의 의혹을 털어 내고 새로운 시대를 향한 논의를 시작해야 한다고 말했다. 실제 개표 결과, 전국의 득표율과 비교했을 때 노태우 후보의 득표가 많은 것으로 확인되었고 정치학회는 '군 관련 투표가 비민주적이거나 투명하지 않았다고 미뤄 볼 수는 있다'는 입장을 밝혔다.

물론 의구심이 드는 결과다. 개표를 진행한 정치학회조차 부정 선거가 있었을지 모른다는 의혹을 부정하지는 않을 정도다. 여전히 부정 선거를 주장하는 목소리도 남아 있다. 그럼에도 수십 년이 지난 후의 개표가 선거 결과를 바꾸지는 못한다. 그 이후에도 여러 번의 대선과 정권 교체가 이루어지며 대한민국의 정치와 현대사는 이미 그때로 돌아갈 수 없을 만큼 흘러왔기 때문이다.

그럼에도 불구하고 이 개표가 유의미한 것은 현대사의 한 시대가 이제야 막을 내렸음을 상징하기 때문이다. 그때의 갈등과 상처들이 여전히 봉합되지 못한 채 남아 있지만 정치와 민주주의는 조금씩이나마 전진해 왔고 우리는 1987년보다 나아진 오늘을 살아가고 있다. 모든 과제가 완수되었다고 말할 수는 없다. 그때의 민주화는 공도 많지

* 박국희, 양승식, 〈1987년 난리쳤던 투표함 여니… 노태우 72%, DJ 13%〉, 《조선일보》, 2016년 7월 22일.

084

만 과도 많았다. 그래도 1987년이 만들어 낸 직선제라는 새로운 정치적 스탠더드Standard가 성공적으로 정착한 것만은 모두가 동의하는 지점이다. 무엇보다 그때 만들어진 헌법이 오늘날 한국 사회를 지탱하고 있다. 2023년을 살아가는 우리에게도 그날의 시간들이 영향을 미치고 있다.

한 시대의 종착점이자 새 시대의 시작점

1987년의 민주화 이후 36년이 지난 지금, 우리 사회는 계속되는 갈등의 한복판에 서 있다. 누군가는 혐오의 시대라며 개탄하지만 한편으로는 반가운 마음도 든다. 민주화라는 거대한 질서에 대한 열망에 가려져 논의되지 못했던 다양성에 대한 이야기가 본격적으로 펼쳐지고 있기 때문이다.

갈등은 심각한 사회 문제를 일으키기도 하지만 한편으로는 사회의 다양성과 역동성을 상징하는 증거이기도 하다. 사회적으로 억압되어 있던 약자와 소수자들이 자기 목소리를 내기 시작할 때 '갈등'이 시작되는 경우가 많다. 신분을 둘러싼 갈등도 신분이 낮은 이들의 봉기로부터 시작한 것이고, 최근 언론에 자주 언급되는 장애인의 지하철 시위와 관련한 갈등도 장애인 스스로 이동권에 대한 목소리를 내면서 비롯되었다. 젠더 갈등이라고 일컬어지는 문제들도 역사적으로 긴 시간 동안 차별받아 온 여성들이 자기 권리에 대해 이야기하며 시작되었다. "문제로 정의된 사람들이 그 문제를 다시 정의할 수 있는 힘을 가질 때 혁명은 시작된다"라는 미국의 사회학자 존 맥나이트의 말처럼 말이다.

우리가 그런 갈등에서 불편함을 느끼는 것은 낯섦과 부적응으로 인한 것이기도 하다. 지금은 당연하게 여겨지는 민주화 세상도 군부 독재 시절의 누군가에겐 두려움의 대상이었다. 민주화를 외치는 이들에게 '빨갱이'라는 오명을 남긴 것도 그런 탓이다. 권력으로부터 억압받던 시민들이 자신의 권리를 깨닫고 각성한 순간 갈등을 빚었고, 수십 년의 갈등 끝에 결국 민주주의가 우리 사회의 새로운 시대정신이 되었다.

사회역학자인 김승섭 교수는 사회 구조의 막연하고 사소한 부분이 아닌 구체적인 존재로서의 사람들이 살아가는 생생한 현실로부터 비롯된 갈등이 더 많아져야 한다고 말한다. 갈등이라는 진통 없이 도출된 대안은 현실에서 실질적인 힘을 발휘할 수 없으며, 갈등을 딛고 만들어진 힘 있고 단단한 목소리가 결국엔 정치적 선동을 넘어설 수 있기 때문이다. 나는 믿고 있다. 분명 오늘의 계속되는 갈등이 언젠가는 새로운 시대를 열어 줄 거라고. 그 갈등은 우리 사회의 역동성과 다양성에서 비롯된 것이기에 지금의 낯섦과 혼란은 그 적응의 과정일 뿐이라고.

30년간 굳게 닫혀 있던 투표함의 개표가 이루어지고 5년이 지난 2021년, 영원히 그 모습을 유지할 것 같았던 구로구청도 새 단장에 들어갔다. 3선 제한의 임기를 모두 마친 구청장의 마지막 숙원 사업 같기도 하지만, 1987년을 매듭지은 2016년의 개표처럼 민주화 운동이라는 한 시대를 마무리하는 듯한 기분이 들기도 한다. 낡았다고 생각하면서도 내심 구로구청이 그 모습을 지켜 주기를 바라기도 했던 사람으로서 아쉬움을 떨쳐 버릴 수 없었다.

그리고 2022년 초, 1년여의 공사 끝에 마침내 구로구청이 새로운 모습으로 다시 문을 열었다. 건물을 허물고 다시 지은 것은 아니고 기존 건물에 새로운 외벽을 감싼 형태라 재건축보다는 리모델링에 가깝긴 하다. 그래도 요즘

• 김승섭, 난다, 《미래의 피해자들은 이겼다》, 2022.

유행하는 차콜 빛 무채색에 널찍한 창문까지 갖췄다. 사각형과 직선 그 자체였던 과거의 모습이 조금은 남아 있어 다행이었지만, 주변이 전혀 변하지 않았는데 구청만 새로운 얼굴을 하고 있으니 상당히 어색했다.

하지만 이곳을 계속 지나다 보면 결국 익숙해지리라 생각한다. 언젠가는 자연스러운 일상이 될 다양성의 사회로 향하는 갈등의 한복판에 선 우리의 모습처럼.

2부

공단과 구디에서
일하고 살아가고

미싱(mishin)과
미싱(missing)의 시대

미싱은 잘도 도네, 돌아가네

1980년대에 발표된 민중가요 〈사계〉는 "미싱은 잘도 도네, 돌아가네"라는 후렴구로 유명하다. 1년 사계절이 다 가도록 노동자들의 열악한 노동 환경은 변하지 않는다는 애환을 담은 노래다. 이 노래를 부른 '노래를 찾는 사람들(노찾사)'은 민중과 노동자의 목소리를 대변하는 민중가요를 표방한 노래패다. 군부 독재라는 엄혹한 시기에 많은 시민에게 지지를 받았으며 김광석이나 안치환 같은 이들을 배출한, 명실상부 노동 운동계를 대표하는 예술인 집단이다.

이 노래의 배경이 되는 공장 지역 중 대표적인 곳이 바로 구로공단이다. 봉제업으로 대표되는 경공업이 수출 시장을 주도했던 1960년대, 정부는 해당 산업의 육성을 위해 구로동과 가리봉동 일대에 관련 공장이 밀집된 산업 단지를 설립한다. 이후 30년 가까운 시간 동안 구로공단은 한국의 경제 발전을 견인했고 그만큼 많은 노동자의 일터가 되었다. 서울에 사는 이들뿐 아니라 일자리를 찾아 지방에서 올라온 수많은 이가 이곳에 머물렀다. 누군가에겐 일터였고 밥줄이었으며, 돈을 많이 벌어 가난에서 벗어날 수 있을 것이라는 희망의 공간이기도 했다.

그렇다고 이곳이 경제 발전만을 상징하는 공간은 아니다. 빛이 있는 곳에는 언제나 그림자가 함께하듯, 산업화 시대의 유산인 노동 착취는 이곳에서도 버젓이 행해졌다. 당시 구로공단의 규모가 수도권 공업 단지 중 손에 꼽게 컸다는 점을 감안하면 이러한 사례는 더욱 많았을 것임을 충분히 짐작할 수 있다.

이러한 사실을 보여 주는 것이 바로 구로공단을 관통하는 노동 운동의 역사다. 특히 1985년, 구로공단에서 벌어진 '구로 동맹 파업'은 무려 2500여 명의 노동자가 참여한 대한민국 최초의 동맹 파업이다. 개별 사업장에서만 이뤄

지던 노동 운동이 노조 간의 연대를 통해 지역적 운동으로 번진 사건으로, 한국 노동 운동사의 주요한 분기점으로 꼽힌다. 이후의 노동 운동이 정치적인 메시지와 행동을 바탕으로 정책에 직접적인 영향력을 발휘할 수 있도록 만들어 준 계기가 되기도 했다.

그 규모만큼이나 적지 않은 희생이 있었고 이후의 한국 경제사에 큰 영향을 미쳤다. 특히 당시 파업의 주도자였던 심상정 정의당 의원은 이 사건을 계기로 무려 9년 동안 지명 수배를 당해 최장기 여성 수배자라는 기록을 남기기도 했다. 그밖에도 노동 운동을 기반으로 정치권에 입문한 수많은 거물급 정치인이 이 현장에 함께했는데, 그만큼 구로공단은 노동 운동사에서 아주 중요한 지역이라 할 수 있겠다. 물론 이곳에서 활약한 정치인들의 이후 행보에 대한 평가는 다양하게 갈리고, 자신이 참여했던 노동 운동의 성과를 부정하는 발언을 서슴지 않는 이들도 존재한다. 하지만 이곳이 한국 현대사에서 중요한 기점이 되었던 것만은 변하지 않는 사실이다.

치열한 투쟁의 결과, 그때와 비교해 오늘날엔 많은 것이 달라졌다. 착취가 당연시되던 과거에 비하면 근로기준법에 대한 사회적 인식이 높아졌고, 노동자로서 자신의 권리를 보장받아야 한다고 생각하는 사람도 점차 늘고 있다. 최저 임금 준수나 4대 보험, 연차 휴가와 주휴일 등 과거에는 '빨갱이들의 주장'이라 치부되었던 노동 운동의 구호들이 이젠 자연스러운 의무이자 권리가 되었다. 여전히 진통을 겪고 있지만 최근의 큰 변화였던 주 52시간제까지 생각하면, 우리의 노동 환경은 조금씩 나아지고 있는 게 분명하다.

경제 발전과 열악한 노동 환경을 동시에 상징했던 구로공단도 결국엔 사라졌다. 공장 배기가스로 인한 대기 오염을 줄이고자 정부는 서울의 공업 단지를 모두 이전하는 정책을 발표했다. 주요 공장들은 지역으로 자리를 옮기거나 더 저렴한 인건비를 쫓아 외국으로 건너갔다. 그리고 그 자리에는 굴뚝 없는 공장과 회사들이 들어서기 시작했다. 21세기를 상징하듯 소프트웨어와 게임, 콘텐츠를 생산하는 기업들이 몰려들었고 이곳에는 '서울디지털국가산업단지'라는 새로운 간판이 붙었다.

디지털 단지 곳곳에 여전히 몇몇 공장이 남아 있지만 오늘날의 디지털 단지 대부분을 차지하는 것은 20층이 넘는 고층 빌딩들이다. 화학 물질의 역한 냄새와 매캐한 연기로 가득했던 그곳은 번듯하고 화려한 도시의 모습을 갖추었다. 산업 사회가 정보화 사회로 전환되었다는 것을 증명하기라도 하듯 이전의 모습은 상상도 할 수 없는 형태로 말이다.

잃어버린 것과 잃으면 안 되는 것

하지만 모든 것이 변한 건 아니다. 그때나 지금이나 여전히 그곳을 가득 채우는 노동자들에겐 변하지 않은 것이 있다. 비록 산업의 종류는 바뀌었지만, 공장 지대였던 그곳에 빼곡히 들어선 건물들의 칸칸을 채우고 있는 건 누군가의 일터이자 삶터다. 심지어 '디지털 단지의 등대'라는 우스갯소리처럼, 일상적으로 벌어지는 야간 초과 근무로 인해 한밤중에도 주변을 환하게 밝히는 빌딩들은 디지털 단지를 상징하는 이미지 중 하나가 되었다. 법과 제도가 바뀌었다고 하지만 여전히 그곳에는 저임금의 장시간 노동이 존재한다. 특히 디지털 단지에 있는 회사 대부분은 근로기준법의 상당 조항들이 예외적으로 적용되는 5인 미만 사업장이다. 여러 제도적 개선에도 불구하고 구로디지털단지의 노동자들 상당수에게는 다른 나라 이야기처럼 여겨질 뿐이다.

디지털 단지의 노동자들은 구로공단의 노동자들이 그러했던 것처럼 시간과 젊음, 건강을 그곳에 바친다. 한 집 건너 한 집 수준으로 들어선 카페들이 그 대표적인 증거다. 무려 인접한 도로에 스타벅스라는 단일 브랜드만 세 개가 있을 정도다. 셀 수 없이 많은 카페를 보다 보면 저렇게 많은데 장사가 되나 싶다가도 출퇴근 시간이나 점심시간에 그곳을 가득 채우는 인파를 보면 단번에 납득이 된다. 아이스 아메리카노를 들이붓는 노동자들의 자조 섞인 한탄을 눈앞에서 확인할 수 있다. 그들은 카페인에 간신히 의지해 오늘도 끝없는 노동에 시달린다.

구로디지털단지를 대하는 사회의 태도마저 과거의 그것과 닮아 있다. 구로공단을 이야기할 때 언론과 사회는 '산업 역군'이라며 칭송하기에 바빴을 뿐, 그 이면의 노동 환경에는 관심을 가지지 않았다. 노동 환경에 대한 목소리를 내는 것은 그곳에서 일하는 당사자들의 몫이었다. 오늘날의 디지털 단지는 미래 대한민국의 먹거리를 만들어 가는 전진 기지로 소개된다. 그곳에서 일하는 젊은 노동자들은 혁신 산업의 참여자로 비춰지고, 선거철의 정치인들은 청년들과 소통하는 그림이 필요할 때면 그곳을 찾는다. 하지만 여전히 그곳을 지탱하는 노동자들의 삶은 장밋빛 미래와는 거리가 멀어 보인다.

산업 단지의 구성원이 젊고 기업들의 성장 속도가 빠르며 일자리가 계속 창출된다는 점은 역동성의 요소로 여겨지지만, 자세히 들여다보면 빈번한 장시간 노동과 과로에서 비롯된 짧은 근속 연수와 잦은 퇴사의 산물이기도 하다. 최소한 디지털 단지에서 일해 본 나와 내 지인들의 생각은 그렇다. 많은 것이 변했지만 여전히 변하지 않는 것이 있다는 사실을, 그 단지에 있어 본 사람이라면 누구나 알 수 있다.

돈을 벌 수 있다는 꿈을 안고 서울에 상경했던 40여 년 전 여공들의 삶과, 최저 임금을 간신히 준수하는 월급으로 장시간 노동에 임하는 디지털 단지 노동자의 삶 사이에는 어떤 차이가 있을까? 누군가는 "그래도 옛날보다 좋아졌지"라고 말하겠지만, 정말로 모두가 노동자로서 행복한 삶을 살고 있냐고 묻는다면 확신에 찬 대답을 할 수 있는 사람이 몇이나 될까?

연차 휴가 사용이나 초과 근무에 대한 주휴 수당을 당연한 권리라 여기게 된 것은 구로 동맹 파업을 비롯한 일련의 치열한 투쟁의 결과다. 하지만 최근에는 이런 것들을 요구하는 목소리에 대해 "역시 MZ세대"라는 식의 비아냥을 듣는 경우가 종종 있다. 특히 미디어를 통해 비춰지는 청년의 이미지와 그러한 콘텐츠에 달리는 댓글에서 더 빈번히 확인할 수 있다. 이러한 시선은 '예전보다 나아지지 않았나'라는 생각에서 비롯된다.

심지어 최근 고용노동부 장관의 발언에도 이러한 시각이 고스란히 드러난 바 있다. 근로시간제도 개편이 주 69시간 근무로 인한 과로를 야기할 수 있다는 우려에 대해 어떻게 생각하느냐는 기자의 질문에 "요즘 MZ세대는 기성세대와 달리 '부회장 나와라, 회장 나와라, 성과급이 무슨 근거로 이렇게 됐냐' (말할 정도로) 권리 의식이 굉장히 뛰어나다"라고 답변해 논란을 빚었다. 앞서 언급했던 청년세대에 대한 비아냥을 공식적인 발화로 옮겨 놓은 수준이

● 김시연, 강석찬, 〈"MZ세대는 주69시간 선호" 국힘 주장은 '대체로 거짓'〉, 《오마이뉴스》, 2023년 3월 16일.

다. 정책에 대한 공격을 방어하고 정책을 홍보하기 위한 발언이었다고는 하나, 노동 정책의 책임자에게서 저런 시각을 확인할 수 있다는 것부터가 개탄스러운 일이다.

노동자의 권리를 보장해 달라는 것이 이런 비아냥을 들을 만한 행동인지도 의문이지만, 무엇보다 그러한 권리를 온전히 누리고 요구할 수 있는 청년 노동자가 얼마나 될까? 노동자로서 당당히 권리를 요구할 수 있는 세상을 만들기 위해 그토록 수많은 사람이 치열한 투쟁을 이어 온 것이 아니던가. 청년 세대의 노동을 바라보는 일각의 시선들은 여전히 변해야 할 것이 많다는 것을 몸소 보여 준다.

가산디지털단지에서 근무하던 시절, 집으로 걸어가는 퇴근길에 아주 생경한 경험을 했다. 지어진 지 50년은 족히 넘었을 듯한 5층짜리 노란 벽돌 건물을 지나치는데 건물 한편에 빛이 바랜 초록색 현판이 걸려 있었다. 거기에는 자랑스러운 듯 '산업 재해 보상 보험 가입 사업장'이라 적혀 있었다. 오늘날 근로자라면 누구나 필수적으로 가입해야 하는 산업 재해 보상 보험, 이른바 '산재 보험'을 가입했다는 것이 그 기업의 자랑거리가 된다니. 그 현판에 적힌 날짜는 기껏해야 30년이 조금 넘은 정도였는데 말이다. 정말 많은 것이 변했다는 격세지감이 느껴졌다.

최근에도 정부와 공공 기관은 기업을 대상으로 한 다양한 인증제를 실시하고 있다. '가족 친화 기업', '근로자 복지 증진 공로 기업', '조직 문화 우수 기업', '성평등 우수 기업' 등이 대표적인 사례다. 여기에 선정된 기업들은 마치 훈장처럼 자랑스럽게 인증 현판을 건물 밖에 걸어두곤 한다. 물론 더 나은 노동 환경을 만들기 위한 그들의 노력은 칭찬받을 일이다.

하지만 그런 현판들을 볼 때마다 '산업 재해 보상 보험 가입 사업장' 현판이 떠오른다. 사실은 당연한 건데, 저게 자랑할 거리가 된다는 것이 슬퍼진다. 법적으로 준수해야 하는 연차 휴가와 주휴일, 4대 보험을 특별한 복리 후생인 양 적어 놓은 채용 공고들처럼 말이다. 인증을 받은 현판이 하나둘 늘어 가는 것보다 더 중요한 것은, 그런 인증제가 없어도 될 만큼 노동자들이 자기 일과 삶의 균형을 지켜 나갈 수 있는 사회로 나아가려는 노력이다.

많은 것이 변했지만 아직도 그곳엔 변해야 할 것이 많다. 미래의 어느 날, 내가 이런 현판들을 보며 "그땐 그랬지"라는 회상으로 넘길 수 있는 날이 찾아올까? 오늘날의 문제들이 "옛날보다 좋아졌지"라는 말로 갈무리되지 않앉으면 한다. 옛날보다는 그나마 나아진 세상 대신, 더 좋은 세상을 위해 함께 고민하고 연대하는 세상이 찾아오길 바란다.

재봉틀과
키보드의 도시

아빠와 AI와 데이터 레이블링

구로디지털단지에서 일하는 친구가 내게 물었다. 회사에서 재택 알바를 모집하고 있는데 혹시 해 볼 생각이 있냐고. 당시 나는 돈도 벌고 경력도 쌓아야겠다는 마음으로 학교를 휴학하고 구로디지털단지 반대편에 위치한 가산디지털단지의 한 회사에서 계약직으로 일하고 있었다. 주 5일, 40시간 동안 일하는 풀타임 근무였지만 사회 복무 요원 입대를 몇 달 앞두고 있던 터라 '쉬면 뭐 하나, 돈이라도 모으자'는 심정으로 제안에 응했다. 퇴근 후에 또

일하는 게 쉽지 않겠다고 생각했지만, 재택 알바라고 하니 불가능하진 않을 것 같았다.

　나에게 주어진 일은 질문을 만드는 것이었다. 일정하게 할당된 신문 기사와 공공 기관이 작성한 정보성 글을 바탕으로 질문을 추출하고 그것에 대한 답도 달아야 했다. AI(인공 지능)를 학습시키는 과정이라고 했다. AI 기술이 점점 발달하면서 인간보다 똑똑해졌다고는 하지만 AI 혼자서는 똑똑해질 수 없다는 것을 그때 처음 알았다. 그때까지만 해도 내 머릿속의 AI 이미지는 이세돌을 이긴 알파고의 유능함이었다. 하지만 내가 질문을 만들며 접한 AI의 모습은 상당히 달랐다. 그것을 학습시키는 것도 결국엔 인간의 몫이었고, 그 학습을 위한 기초 자료를 만드는 것이 내 일이었다.

　질문 한 건당 일정 금액을 받는 형태로 급여가 책정되었는데, 개별 건수에 대한 금액이 크지 않았지만 모아 보면 마냥 적은 금액은 아니었다. 어떤 질문이든 가능한 것은 아니었고, 문법이나 논리적인 구조와 관련한 제약이 상당히 많았다. 그래도 그 정도면 수입은 나쁘지 않았다. 때로는 질문이 조건에 맞지 않아 반려당하기도 하고, 하루 동안 최대 작업 건수도 제한되어 있었지만 부수입으로는 충분했다. 그렇게 몇 달 동안 사무실에 출근해 회사 일을 하고 퇴근 후엔 질문 만드는 일을 반복하며 입대 전까지 꽤 쏠쏠하게 돈을 모을 수 있었다. 내게 주어진 거의 모든 시간을 일하는 데 써야 했지만 말이다.

그렇게 군 훈련소에 입대했고, 부모님으로부터 편지를 한 통 받았다. 가족들의 이런저런 근황이 담겼는데, 아빠는 데이터 레이블링labeling 교육을 듣느라 몹시 바쁘다고 했다. 국비 지원 교육을 이수한 사람에 한해 해당 기업이 수주한 정부 과제의 데이터 레이블링 작업에 참여할 수 있다고 했다. 정년퇴직을 몇 달 앞둔 시점에 퇴직 이후를 준비하는 아빠 나름대로의 노후 대비였다. 교육에 재미를 붙이고 밤까지 새우며 수업과 과제를 해결하는 데에 여념이 없다고 했고, 엄마는 그런 아빠의 건강이 걱정된다는 이야기로 근황을 전했다.

편지를 읽는 순간, 몇 달 동안 질문을 만들며 부수입을 올렸던 내 모습이 떠올랐다. 데이터 레이블링도 질문 만들기와 크게 다르지 않다고 들었기 때문이다. 내가 아는 바에 따르면 질문 만들기는 문자 언어를 통해 AI를 학습시키는 방식이고, 데이터 레이블링은 사진이나 지도, 음성 파일과 같이 그 이외의 데이터를 AI가 학습하기 용이

한 형태로 정제해 주는 기술이었다. 예를 들면 어떠한 사진이 있을 때 그 사진에 담긴 각각의 피사체의 영역을 일일이 설정해 주고 설정된 대상이 무엇인지 이름을 달아 주는 일이다. 쉽게 말해 어린아이에게 단어를 가르치듯 '이렇게 생긴 걸 자동차라고 하고, 저렇게 생긴 것들은 고양이라고 해'라고 설명해 주는 것이다. 나이에 비해 컴퓨터를 잘 다루는 편이라고 해도 최첨단 기술과는 거리가 있었던 60대의 아빠는 그렇게 IT 산업의 일원이 되어 가고 있었다.

그 후, 훈련소를 나와 집으로 돌아왔고 얼마 뒤 문득 아빠의 데이터 레이블링이 어디까지 진행되었는지 궁금해졌다. 아빠에게 물었다. 데이터 레이블링은 잘 되어 가냐고. 아빠는 의외의 답변을 내놓았다. 교육을 이수하지 않은 채 그만두었다고 했다. 처음에는 재미있어서 열심히 했는데 하루 종일 컴퓨터를 쳐다보고 있으니 눈도 아프고 목도 아파서 더 이상은 도저히 못 하겠다는 생각이 들었다고 한다. 어린 시절부터 디지털 기기와 함께 성장한 디지털 네이티브인 나에게도 하루 종일 컴퓨터 앞에 앉아 있는 건 쉽지 않은데, 아날로그형 인간인 60대의 아빠에겐 더더욱 그랬을 것이다. 그렇게 퇴직 후의 새로운 길을 찾던 아빠의 야심 찬 기대는 몇 주간의 열정적인 경험으로 마무리되었다. 아빠는 상당히 아쉬워하는 눈치였다. 아빠의 건강을 걱정하던 엄마에겐 반가운 소식이었던 것 같지만 말이다.

첨단 산업을 지탱하는 인간의 노동

구로동에서는 데이터 레이블링을 비롯해 AI를 학습시키거나 AI와 관련된 기술들을 정부 보조금으로 배울 수 있다는 홍보물을 어렵지 않게 만나 볼 수 있다. 정부와 기업들의 관심이 집중되는 분야다 보니 꼭 구로동만의 일은 아닐 것이다. 하지만 다른 지역보다 월등히 홍보의 적극성이 높아 보인다. 아마 구로디지털단지가 입주해 있는 만큼 해당 교육을 위탁받아 수행하는 기업이 구로동에 많이 몰려 있기도 하고, 구로구청 자체가 그런 지원에 적극적인 편이기 때문이리라.

AI와 같은 신기술이 탄생하는 과정은 상상 이상으로 많은 세부 작업을 요한다. 우리가 생각할 땐 기본적인 메커니즘만 만들고 자료를 넣기만 하면 뛰어난 지능을 바탕으로 스스로 학습할 것 같지만, 사실 배워야 하는 내용을 정리하고 그것을 일일이 입력하는 것까지 다 사람의 손을 거쳐야 한다. 말 그대로 하나하나 떠먹여 줘야 하는 것이다. 여기에 더해 비전문가들은 잘 알지 못하는 복잡다단한 작업들을 거쳐야 우리가 잘 알고 있는 바로 그 기술들이 완성된다. 제품을 생산해 내기 위한 컨베이어 벨트만 사라졌을 뿐 수많은 노동자가 한데 모여 제품을 만들어 내는 거대한 제조업 공장과 다를 바 없다.

이러한 세부 작업들을 수행하기 위해 하청의 하청이 끊임없이 이어진다. 그리고 그 하청을 수행하는 소규모의 회사들이 집중적으로 몰려 있는 곳 중 하나가 바로 구로디지털단지다. 흔히 구로디지털단지라고 하면, 참신한 아이디어로 새로운 기술이나 서비스를 개발하는 젊은 기업이 몰려 있을 것이라 생각한다. 물론 그런 기업도 상당수 입주해 있을 것이다. 하지만 그런 서비스를 성공적으로 안착시키기 위해 요구되는 시간이 있고 그 시간을 버티기 위한 자본도 필요하다. 하지만 규모가 작은 중소기업들이 그 자본을 자체적으로 확보하기란 쉽지 않다. 결국 그들은 대기업의 하청이나 정부 과제 등을 수주받아 한편에서는 자금을 해결하고, 반대편에서는 자신들의 사업을 지

속한다. 여기엔 당연히 재하청과 재재하청, 재재재하청도 존재한다. 과도한 하청 수주로 인해 주객이 전도되어 자신들의 사업을 지속하지 못하는 경우도 있다. 처음엔 자본을 확보하기 위해 시작했던 일이 회사의 주요 매출이 되어 버려 원청에 종속되는 결과를 낳기도 한다.

뿐만 아니라 규모가 작은 기업들은 여기에 필요한 노동력도 부족하다. 직원 숫자는 적은데 과제는 많이 수주하다 보니 외부에서 적극적으로 일손을 모은다. 내가 그러했듯 아르바이트의 형태가 되기도 하고, 아빠가 그랬던 것처럼 국비 지원을 통해 새로운 기술자를 양성하기도 한다. 정부는 기업들의 노동력 수요에 부응하기 위해 더 적극적으로 교육을 진행하고, 그렇게 구로동 곳곳에는 구청, 여성발전센터, 상공회의소 등의 기관들이 진행하는 데이터 레이블링 교육을 홍보하는 플래카드가 하나둘 늘어 간다.

사람의 일을 대체하기 위해 만드는 것이 AI라지만 그 과정에서 우리가 상상하는 것보다 훨씬 많은 인간의 노동력이 투입되고 있다. 오죽하면 AI 산업과 전혀 무관한 나와 아빠에게까지 그 기회가 찾아왔겠는가. 그리고 그 노동은 오롯이 하청 중소기업과 프리랜서, 아르바이트 노동자들의 몫이 된다. 미디어가 보여 주는 첨단 산업 노동의 이미지는 소위 구글과 같은 외국계 기업이나 네이버, 카카오로 대표되는 판교 기업들의 '자유롭고 효율적인' 분위기로 비춰진다. 하지만 첨단 산업에서 노동의 대다수를 차지하는 것은 중소기업과 외주 노동자의 저임금 장시간 노동이다. 심지어는 자유로운 조직 문화를 내세우는 네이버나 카카오에서도 근로자의 처우와 관련한 문제 제기가 끊이지 않고 있다.

디지털 시대의 인형 눈알 달기

20세기의 대한민국은 저렴한 인건비를 바탕으로 많은 노동력을 필요로 하는 제조업을 통해 경제 성장을 이뤄 냈다. 그리고 그렇게 성장한 경제 구조에서 첨단 산업으로의 전환이 이루어지면서 노동력이 아닌 기술 중심의 고부가 가치 사회로 진입한다. 하지만 내가 디지털 단지의 안과 밖에서 바라본 모습은 그렇게 단순하지 않았다. 제조업을 이끌었던 구로공단과 IT 산업의 한 축을 담당하고 있는 구로디지털단지는 겉모습은 서로 다를지언정 그곳에 자리한 노동자들의 삶은 다른 점보다 닮은 점이 더 많아 보였다.

1970~1980년대 구로공단의 여공들은 낮은 천장과 좁은 벽으로 둘러싸인 어두운 공간에서 재봉틀 앞에 앉아 일했다. 제대로 된 휴식은커녕 환기조차 잘 되지 않는 곳에서의 노동이 건강에 좋을 리 없었다. 당시 고故 전태일 열사가 평화시장의 노동자 126명을 대상으로 한 설문 조사를 보면, 77퍼센트가 폐결핵 등 기관지 계통 질환을 앓고 있었고, 모두가 밝은 곳에서 눈을 제대로 뜰 수 없는 안질에 걸려 있었다는 사실을 확인할 수 있다.

그로부터 40여 년이 지나 디지털 단지 사무실의 상당수를 차지하고 있는 내 동년배의 노동자들은 어떨까? 물론 냉난방이나 환기 시설, 근로기준법 준수 여부는 전보다 훨씬 개선되었다. 하지만 자신에게 허락된 책상 앞에 앉아 하루 종일 키보드를 두드린다. 젊은 나이부터 손목터널증후군이나 거북목, 디스크 등 근골격계 질환을 호소하는 친구도 적지 않다. 사회 초년생인 20대 때부터 손목 보호대와 모니터 받침대, 인체 공학적으로 만들어졌다는 마

• 류현철, 〈50년 전엔 폐병·안질, 지금은 골병·스트레스〉, 《경향신문》, 2020년 11월 10일.

우스와 키보드까지 통증을 조금이라도 줄여 준다는 제품들을 찾고 그 정보를 서로 공유한다. 이미 병원을 정기적으로 다니는 친구도 적지 않다. 나 또한 어떻게든 손목 통증과 라운드 숄더Round Shoulder(굽은 어깨)를 해결해 보겠다고 모니터를 눈높이까지 올리거나 인체에 최적화되었다는 곡선 형태의 키보드를 구입했다.

내 주변의 청년 노동자들 중 손목이나 척추 통증을 경험하지 않은 사람은 거의 없다. 어렸을 때부터 디지털 기기를 접한 데다가, 회사에 취직한 이후에는 그야말로 하루 종일 컴퓨터 앞에서 키보드와 마우스로 작업하다 보니 손목이 성할 리 없다. 친구들과 이런 이야기를 할 때면 '현대 직장인의 고질병'으로 웃어넘기지만, 마냥 웃을 수만은 없는 현실이다. 누군가는 아직 젊은데 벌써 그러면 어떡하냐고 묻기도 하고, 엄살이라고 여기는 이들도 있다. 하지만 디지털 단지에 들어선 병원들을 둘러보면 다른 지역보다 정형외과, 마취통증의학과, 한의원의 비율이 월등히 높다는 것을 한눈에 알 수 있다. 40년 전 노동자들이 재봉틀과 폐병에 시달렸다면, 오늘날의 노동자들은 키보드와 디스크로 고통받고 있는 셈이다.

흥미로운 점은 키보드의 조상이라 할 수 있는 타자기가

1874년 미국 레밍턴 사의 재봉틀 기계 작업장에서 처음 생산되었다는 것이다. 그만큼 둘은 그 메커니즘이 아주 유사한 기계다. 남성만이 전문적인 직업을 가질 수 있었던 19세기에도, 재봉틀과의 유사성 때문인지 타자수라는 직업은 여성이 다수를 차지했다. 재봉틀의 기계적 특성을 거의 그대로 계승한 것이 타자기고, 그런 타자기가 오늘날의 키보드가 된 것이다.

이러한 사실은 기술이 바뀌면 노동의 질이 획기적으로 바뀔 것 같지만, 기술의 유사성을 뛰어넘으려는 적극적인 노력이 없다면 아무런 변화도 일어나지 않는다는 것을 깨닫게 한다. 일자리를 찾아 지방에서 상경해 구로공단에 취직한 어린 여공들이 폐병으로 고통받는 모습과 구로디지털단지 곳곳의 사무실에서 사회생활을 시작하고 있을 20대들이 손목터널증후군과 척추 디스크로 힘들어하는 모습이 겹쳐지는 것도 그래서일지 모르겠다.

심지어 첨단 산업 노동은 산업화 시대의 제조업과 닮은 것을 넘어 한편으로는 그때보다 심각한 환경에 처해 있다. 당시의 근로기준법 준수율이 낮았다고는 하지만, 어

* 김애령, 〈글쓰기 기계와 젠더: 키틀러의 '기록체계' 다시 읽기〉, 《한국여성철학》 제23권, 2015, 33~59쪽.

쟀거나 그 시절 여공들은 공장에 속한 직원들이었다. 그러나 데이터 레이블러 양성 과정을 거친 이들은 아르바이트 혹은 프리랜서의 형태로 외주화된 노동자들이다. 오로지 작업량으로만 급여가 책정되고, 그렇기 때문에 경우에 따라서 최소한의 급여조차 보장받지 못해 시간당 최저 임금 수준에도 미치지 못하는 경우가 상당하다. 정부와 기업들은 높은 자유도와 성과 중심 급여 체계의 효율성을 강조하지만, 고소득을 올리는 것은 어디까지나 극소수고 그 소득 또한 장시간의 고강도 노동의 대가다.

뿐만 아니라 제조업과 달리 AI를 학습시키는 노동은 결과적으로 데이터 레이블러와 같은 저숙련 단순 노동자의 일할 기회를 축소시킨다. AI의 궁극적인 목적 중 하나는 인간이 직접 하지 않아도 되는 일의 영역을 확장하는 것이다. 일이라는 것은 보통 경험과 경력, 연차가 쌓여 가며 숙련도가 높아지고 그 분야에서 나름대로의 전문성을 가져야 장기적으로 지속 가능한데, 데이터 레이블링은 많이 하면 할수록 자신의 업무 분야를 AI에게 위협받는 결과를 가져오니 지속 가능한 노동을 상상하기 어렵다. 결국 경력 보유 여성이나 고령층, 저소득층과 같이 노동 시장에서 약자 위치에 있는 노동력을 활용하지만 그들의 장기적인 미래는 보장하지 않는다.

데이터 레이블링이 디지털 시대의 인형 눈알 달기와 다를 바 없다는 비판이 나오기도 한다. 고용 안정과 최저 수입조차 보장되지 않는 저숙련 단순 노동이라는 공통점은 물론이고 오랜 시간 계속하다 보면 눈과 목, 손목이 아프다는 것까지 닮았으니 무리한 비판도 아니다. 알고리즘을 위한 기초 노동이 인형에 눈을 다는 봉제업에 비유된다는 점 또한 참으로 공교롭다. 이마저도 구로공단과 디지털 단지의 유사성을 뒷받침하는 듯 보인다.

재봉일과 데이터 레이블링을 나란히 비교하면 비교할수록 닮은 점이 계속 발견되는 것을 보면 40년이 지난 지금까지도 겉모습만 달라졌을 뿐 문제의 본질은 끝없이 이어지고 있다는 생각에 마음이 착잡해진다.

최첨단의 뒤편에도 사람이 있다

세상 모든 기술이 그러하지만 아무리 자동화되고 첨단화된 기술이라 할지라도 그 뒤편엔 누군가의 노동이 있다. 심지어 높은 수준의 알고리즘을 보유한 대표 기업 중 하나인 넷플릭스마저도 영상 추천 서비스를 제공하는 과정에서 영상 콘텐츠 분석 전문가인 '태거Tagger'의 노동이 기술을 완성한다. 이는 우리가 이용하는 모든 것에 누군가의 노동이 묻어 있다는 사실이 비단 오프라인에만 한정되지 않는다는 뜻이다. 사람이 보이지 않는 온라인도 사람의 노동으로 가득 차 있다.

오늘도 누군가는 한 땀 한 땀 데이터를 정제하며 AI를 학습시킨다. 그리고 우리는 그 노동의 결과로 만들어진 기술들을 활용해 조금 더 편리한 삶으로 나아간다. 하지만 AI 서비스를 제공하는 기업들은 자신들의 기술이 최첨단 기술로 자동화된 '무인 시스템'이라는 점을 강조하며 그 뒤에 사람의 노동이 숨어 있다는 사실을 은폐한다. 심지어 기계가 스스로 학습한다는 뜻으로 '머신 러닝Machine Learning'과 같은 이름까지 붙였지만, 그 학습의 기초 작업을 하는 것마저 사람의 일이다. 인간의 노동 없이는 어떠한 기술의 진보도 일어날 수 없다.

사람을 가릴수록 기술이 가진 힘은 더 놀랍고 대단해 보인다. 그래서 기술에서 인간의 노동이 남긴 흔적을 지우려고 노력한다. 하지만 우리는 이들이 가리려고 하는 AI의 뒤편을 잊지 말고 떠올려야 한다. 세상의 모든 기술엔 노동의 흔적이 있고, 그 흔적을 남긴 건 사람이라는 것을. 우리는 'AI 대 사람'이나 '기술 대 사람'이 아닌 '사람 대 사람'으로 마주하고 있다는 사실을 말이다.

6411, 길을 만든 건
언제나 노동자였다

서울의 초록색 지선 버스 중 하나인 6411번 버스는 구로동에서 출발해 대방과 노량진을 거쳐 반포와 강남으로 향한다. 서울에서 임대료가 가장 낮은 지역 중 하나인 구로동에서 운행을 시작해 우리나라에서 가장 높은 임대료를 자랑하는 강남에서 끝난다. 시내버스 기점과 종점 간 집값 격차를 비교하는 지표가 있다면, 제일 상위 그룹에 이름을 올릴 만한 노선이 아닐까 싶다.

학창 시절 자주 다녔던 시립 도서관 바로 앞에 있는 버스 정류장이 바로 6411번이 서는 곳이었다. 그 정류장에는 우리 집으로 향하는 마을버스도 정차했기에 마을버스를 기다리며 6411번의 노선도를 살펴본 적이 있었다. 다른 지선 버스의 노선과 비교할 때 월등히 긴 노선을 보며 '이건 구로동에서 강남까지 가네'라며 흥미로워했던 기억이 있다.

사실 6411번 버스는 고故 노회찬 전 대표의 연설에 등장한 것으로 더 유명하다. 2012년 정의당 출범 당시 당 대표 수락 연설인데, 우리나라 정치사에서 손꼽히는 명연설 중 하나다. "6411번 버스라고 있습니다"라는 문장으로 시작하는 연설은 이런 메시지를 담고 있다.

> 그러나 시간이 좀 흘러서, 아침 출근 시간이 되고, 낮에도 이 버스를 이용하는 사람이 있고, 퇴근길에도 이 버스를 이용하는 사람이 있지만, 그 누구도 새벽 4시와 새벽 4시 5분에 출발하는 6411번 버스가 출발점부터 거의 만석이 되어서 강남의 여러 정류장에서 50, 60대 아주머니들을 다 내려 준 후에 종점으로 향하는지를 아

• 이한얼, 〈"6411번 버스라고 있습니다" 故 노회찬 의원 연설 화제〉, 《노컷뉴스》, 2018년 7월 27일.

는 사람은 없습니다.

'강남 직장' 하면 대부분 번듯한 사무실을 떠올린다. 하지만 그 사무실의 번듯함을 유지하기 위해 누군가는 해가 뜨기 전부터 출근길에 나선다. 누구보다 먼저 그곳에 출근해 하루를 시작하지만, 강남에 있는 사무실과 회사는 그들을 자기 일원으로 인정하지 않는다. '진짜 직원'들이 일할 수 있는 환경을 만드는 이름 없는 '아주머니'들일 뿐이다. '진짜 직원'들이 출근하기 전에 청소 노동자는 빠르게 자신의 일을 마무리해야 하고 아무 일도 없었다는 듯 사라져야 한다. 자신이 청소하는 공간의 '번듯함'을 자신의 존재로 해치지 말아야 한다는 의무감과 함께.

코로나19 팬데믹이라는 전대미문의 사태가 재택근무라는 새로운 트렌드를 만들어 냈다고는 하지만 6411번 첫차에 몸을 싣는 이들에겐 별나라 이야기다. 그들은 여전히 어둠을 뚫고 출근길에 나서며, 혹시 모를 출근자에게 들키지 않게 노동을 수행해야 한다. '출근하는 사람이 적으니 덜 더러워져서 청소가 편하지 않냐'고 묻는 이들도 있겠지만, 이들이 하는 노동은 '편하다'는 인식이 팽배한 순간 사라진다. '출근자도 없는데 청소부 수를 줄이자'

119

라는 결정권자의 말 한마디면 하루아침에 자취를 감출 수 있는 것이 그들의 일자리다. 재택근무로 인한 편리함은 얻지 못한 채 생계의 위협만 가중되는 것이다. 심지어 '진짜 직원'들은 그곳에 그가 있었다는 사실을 아무도 기억해 주지 않는다. 퇴사 인사를 할 겨를도 없이 그렇게 흔적도 없이 사라진다.

주말마다 도서관을 찾아 공부했던 중고등학생 시절을 지나고 나니, 대학에 입학한 후에는 자연스레 도서관을 찾는 횟수가 줄었다. 집으로 돌아가는 길에 매일같이 마주했던 6411번 버스에 대한 기억도 점차 흐릿해졌다. 노회찬 전 의원이 세상을 떠난 후에야 처음 접한 그 연설은 내가 잊고 있던 6411번에 대한 기억을 다시 한번 떠올리게 했다. 처음엔 반가운 마음이었지만, 어느 정치인의 언어를 통해 다시 만난 6411번은 누군가의 애환과 삶의 무게로 가득한 모습이었다. 그곳에는 누군가의 땀과 눈물, 피로와 보람으로 가득 찬 노동의 흔적이 남아 있다.

해가 바뀔 때마다 고 노회찬 대표의 연설을 다시 찾게 된다. 과연 지금의 내가 살고 있는 세상은 2012년의 6411번 버스가 싣고 있는 세상과 얼마나 달라졌을까 하는 마음이 들어서다. 그러나 여전히 달라진 것은 없어 보이고 허탈한 마음만 남는다. 그래도 조금씩은 나아지고 있다는 마음으로 좌절감을 다잡으며 더 나은 세계를 상상하고자 노력 중이다.

인간이 갈 수 있는 모든 공간은 누군가의 일터다. 캄캄한 어둠을 뚫고 출근하는 노동자들이 자신의 몸을 의탁하는 6411번 버스마저도 버스 기사에겐 일터인 것처럼. 내 곁에 노동자가 없다고 생각된다면 주위를 둘러보자. 우리가 있는 곳 어디든, 인지하지 못했던 누군가의 노동이 깃들어 있을 것이다. 자신의 노동일 수도, 아니면 이름 없는 누군가의 노동일 수도 있는 흔적이 말이다.

3호선과 6411이 한강을 건너는 이유

지하철 승강장에 있는 서울 시내 지하철 지도를 유심히 살펴보다가 3호선 옥수역에 눈길이 갔다. 한 정거장만 지나 한강을 건너면 서울의 대표적인 부촌인 압구정역에 도착하는데, 막상 옥수동은 재개발 이전까지는 서울의 대표적인 낙후 지역으로 언급되던 곳이다. 둘 사이를 잇는 3호선 철로를 보면 6411번 버스와 참 많이 닮았다는 생각이 든다.

　동호대교를 통해 압구정과 연결되어 있는 옥수동은 압구정의 배후 단지 같은 역할을 했던 곳이다. 압구정에서 일하는 청소 노동자 혹은 이른바 '파출부' 노동자들이 이 지역에 몰려 살았다고 한다. 이들 사이를 연결하는 3호선은 두 지역의 대조적 관계를 극명하게 드러내 준다. 아마도 3호선 노선을 확정할 때 노동자들의 동선 또한 주요 고려 대상 중 하나였을 것이다. 대중교통은 언제나 노동자의 이동에 의해 만들어지기 때문이다.

　이것은 과연 6411번 버스와 3호선의 옥수역-압구정역 구간만의 이야기일까? 6411번 버스 자체가 갖는 특수성도 있지만 그것은 하나의 은유에 가깝다. 서울뿐 아니라 전 세계 곳곳을 누비는 대중교통은 모두 노동자들의 공간이다. 더 깊이 들어가면 애초에 대중교통이라는 시스템 자체가 노동자에 의해 탄생했고 성장해 왔다.

　《출퇴근의 역사》를 쓴 이언 게이틀리는 출퇴근이라는 개념이 산업 사회와 함께 등장했다고 말한다. 농경 사회에서는 집이라는 주거 공간과 농장이라는 일터가 '농가'라는 형태로 결합되어 있었지만, 산업 사회에서는 공장과 같이 집과 분리된 별도의 일터가 등장했기 때문이다. 노동자들은 집과 일터 사이를 매일같이 이동해야 했고 그들의 출퇴근과 함께 도시에 사람이 몰리기 시작했다. 그리고 이러한 인구의 과밀을 해결하기 위해 최초의 대중교통인 통근 열차가 등장했다.

통근 열차는 귀족들의 여행을 위한 교통수단인 마차와 달리, 특정한 계급보다 노동자라는 직업적 정체성이 더 크게 작용하는 수단이었다. 좌석 간 등급 차이가 희미했는데, 그토록 보수적인 계층 구조를 가진 영국에서조차 계층과 상관없이 승객들이 한데 섞일 정도였다. 농경 사회를 지탱해 온 계층의 분별마저 지워 버린, 혁신적인 노동자들의 이동 수단이었다.

사실 대중교통을 활용해 정해진 출퇴근 루트를 매일같이 이동하는 것은 자본주의 질서에 순응하는 일이다. 거대한 경제적 권력의 필요에 의해 노동력을 실어 나르는 것이 도시의 대중교통에 부여된 본연의 임무다. 노동력의 이동은 대중교통을 만들어 냈고, 역으로 대중교통이 노동력을 적재적소에 배치하는 역할을 수행하기도 했다. 이렇게 노동자와 대중교통은 산업 혁명 이후 지금까지 밀접한 관계를 맺어 왔다.

하지만 개개인의 사소한 행동도 집단으로 모이면 거대

한 사회 운동으로 변화하듯, 한 사람 한 사람의 출근길이 모여 사회 운동만큼 강력한 힘을 갖게 된다고 믿는다. 정치인과 권력자에게 있어 교통수단 관련 정책은 매우 중요한 공약 중 하나다. 유권자의 환심을 사기 위한 포퓰리즘이라는 비판도 존재하지만, 어쨌든 시민 개개인의 일상적 이동이 모여 정치인을 걱정하게 할 만큼 거대한 힘을 만들어 내는 것이다.

도시는 산업을 위한 공간으로 탄생했고 성장했다. 모든 영양소가 핏줄을 통해 신체의 각 부위로 공급되듯, 도시의 가장 중요한 에너지원인 사람들 또한 곳곳으로 쉴 새 없이 이동한다. 혈액 순환이 멈추면 생명이 멈추고, 사람의 이동이 멈추면 도시도 멈춘다. 코로나라는 전대미문의 상황 속에서도 도시가 멈추지 않은 건 핏줄과도 같이 그 사이를 계속해서 이동하며 곳곳을 연결했던 노동자들이 있었기 때문이다.

이렇게 생각하니 노동자의 한 사람으로서 가슴이 웅장해진다. 항상 자본가 혹은 권력자가 만들어 놓은 도시라는 판 위에서 수동적으로 움직이는 말이라고만 생각했는데, 이렇게 관점을 바꿔 보니 무언가 해낼 수 있을 것 같은 느낌마저 든다. 물론 이렇게 생각한다고 해서 도시의 구조가 가진 착취나 노동 문제가 해결되진 않을 것이다. 하지만 최소한 이 도시에 내가 영향을 미치고 있다는 것, 그리고 그것을 느낀다는 효능감은 우리를 조종하는 거대한 판과 맞설 수 있는 용기를 가져다준다.

우리가 함께 가면 길이 된다

하지만 변화를 향한 모든 움직임이 그러하듯 여기서 만족할 순 없다. '지옥철'이라고도 불리는 수도권 지하철의 승객 과밀 문제는 서울과 수도권 거주자들의 오랜 불만 중 하나다. 특히 최근에는 김포 경전철의 밀집 군중 속에서 실신하는 사례가 보도되기도 했다. 좁고 밀폐된 공간에서의 밀집이 낳은 크나큰 비극을 경험했던 만큼 모두가 안전하게 이동할 수 있도록 해결책이 절실한 시점이다.

　교통의 배치와 접근을 둘러싼 불평등 문제도 마찬가지다. 서울만 하더라도 강남으로 대표되는 동남권에는 한 블록마다 전철역이 있을 만큼 지하철 접근성이 높지만, 은평구나 서대문구 같은 서북 지역에는 지하철 노선이 한산하다. 전국으로 범위를 확장해 보면 지하철과 시내버스의 이점을 누리는 지역보다 그렇지 못한 지역이 압도적으로 많다. 여러 사람의 행동이 모이면 거대한 힘을 만들어낼 수 있지만, 이것은 반대로 그만큼의 숫자가 담보되지 않으면 아무리 격렬히 요구해도 쉬이 받아들여지지 않는다는 뜻이기도 하다. 교통이 발달한 곳에 사람이 모이고, 사람이 모이니 그 움직임에 힘이 더 생기고, 힘이 생기니 교통이 발달하는 순환이 지속적으로 이루어지는 것이다.

그렇게 형성된 교통을 누리지 못하는 이들도 존재한다. 대표적으로 장애인과 같은 교통 약자들이 있다. '정상'으로 규정된 비장애인들의 속도에 맞춰진 대중교통은 장애인들의 이용을 고려하지 않는다. 장애인들은 대중교통으로 출퇴근하는 노동자 집단에 편입조차 되기 어렵다. 일정 규모 이상의 기업은 장애인 근로자를 의무적으로 고용해야 한다는 법 조항이 마련되어 있지만, 취업의 문턱을 마주하기도 전에 그들은 출퇴근이라는 장벽 앞에 좌절한다.

대중교통은 자본과 산업의 필요에 의해 출발했지만 그것을 도시 생활 속에 정착시킨 것은 노동자들이었다. 지금까지 그래 왔던 것처럼, 더 많은 사람이 안전하고 쾌적한 이동의 혜택을 누리는 세상을 만들어야 할 것이다. 지역과 신체적 한계를 넘어선 이동권의 요구가 더 이상 이기주의로 치부되지 않았으면 한다. 무엇보다 누군가의 이동권 향상은 결국 모든 사람이 이용할 수 있는 대중교통의 확대를 가져온다는 점도 잊지 않았으면 한다. 그렇다면 서로의 이동권으로 나아가는 길이 조금은 더 가까워지지 않을까.

　세상의 모든 노동자를 잊지 않았으면 좋겠다. 우리는 지금까지 길을 만들어 왔고 그럴 만한 힘을 가진 사람들이라고. 우리가 끊임없이 움직인다면 그곳은 길이 된다고. 그러니 걸어가는 길이 험난해도 지치거나 포기하지 않았으면 좋겠다. 함께 길을 만들고 그 길을 끝까지 걸어가며 또 다시 새로운 길을 만들어 내는 삶을 살고 싶다. 이 글을 읽는 당신이 그 길에 함께했으면 좋겠다.

그 많던 순이는
다 어디로 갔을까

박물관에 박제된 누군가의 삶

지금은 금천구 가산동이 된 (구)구로공단, (현)가산디지털
단지 한쪽에는 '구로공단 노동자 생활 체험관'이라는 이
름의 전시관이 있다. 이름 그대로 1970~1980년대 구로공
단의 생활상을 재현한 전시장이다. 과거 구로공단과 공
단을 구성한 수많은 공장의 모습을 담은 사진부터, 그 공
장을 가득 채우며 활력을 불어넣은 노동자들이 살았던
기숙사나 집, 동네 골목과 같은 여러 공간이 마치 실제처
럼 꾸며져 있다. 고층 빌딩이 가득 들어차 있는 디지털 단

지 한편에 마련된 이곳에 들어서면 마치 40년을 뛰어넘는 시간 여행을 하는 기분이다. 요즈음에는 보기 힘든 생활의 흔적들을 만날 수 있어 인근 지역 청소년들의 견학 장소로 꽤 유명세를 탔다.

물론 이 전시장은 아주 유의미한 공간이라고 생각한다. 디지털 단지에서는 찾아보기 힘든 구로공단의 흔적을 간직하고 있다는 점뿐 아니라, 구로공단을 단순히 경제 성장의 역사로만 기록하지 않고 그곳에 살았던 노동자들의 이야기를 다루고 있다는 점도 충분한 가치가 있어 보인다. 뿐만 아니라 우리나라의 근현대사 전시들이 거대한 정치적 역사를 중심으로 다뤄지는 경우가 대부분인 만큼 노동자 개개인의 시선으로 역사적 시간들을 담아낸다는 점 또한 높이 평가할 부분이다.

그러나 이런 가치들에도 불구하고 체험관을 생각하면 왠지 모를 찝찝한 기분이 드는 것도 사실이다. 분명 우리 사회에 필요한 공간이고 나름의 의미도 있는데 무엇이 나를 이토록 찝찝하게 만드는 것일까? 이 불편함의 이유 중 하나는 아마 전시장에 붙은 이름들 때문일지 모르겠다.

첫 번째는 '벌집 체험관'이다. 구로공단과 벌집이 무슨 상관이냐 생각할 수 있겠지만, 여기서 말하는 '벌집'이란 당시 구로공단 지역에 널리 퍼져 있던 주거 형태 중 하나다. 쪽방촌의 일종으로 'ㄱ' 자 혹은 'ㄷ' 자로 생긴 건물을 가벽으로 쪼개고 쪼개어 각 방마다 따로 세입자를 받는데, 방들이 다닥다닥 붙어 있는 모습이 벌집을 닮아 붙은 이름이다. 사람 하나 간신히 지나갈 수 있을 정도의 좁은 골목길을 사이에 두고 들어선 10여 개의 문은 육각형만 아닐 뿐 영락없는 벌집 모양을 하고 있다. 위에서 본 평면도는 말할 것도 없다. 체험관에서는 관람객들로 하여금 협소하게 꾸며진 벌집에 들어가 봄으로써 과거 노동자들의 생활을 떠올려 보자고 이야기한다.

지방에서 일자리를 찾아 올라온 노동자들은 박봉의 월급 속에서 제 한 몸 누일 곳을 찾아 벌집을 선택했다. 이불을 깔 수 있는 한 평 남짓한 곳을 제외하면 여유 공간은 전혀 없다. 화장실은 물론 수돗가와 부엌을 20~30명, 많게는 50명에 달하는 벌집 거주자들이 공동으로 써야 했다. 심하면 그 구역에 하나뿐인 공동 위생 시설을 찾아야 하는 경우도 있었을 것이다. 이렇듯 노동자들의 열악한 생활 환경과 가난이 그대로 반영된 게 벌집인데, 과연 이것이 체험의 대상일까?

누군가는 그것이 한 시대를 상징하는 유산이라고 생각

할 수도 있다. 하지만 아무리 열심히 일해도 풍요로워지는 것이 너무도 힘들었던 사회적 시스템의 모순 속에서, 하루하루를 버텨 온 그들의 빈곤한 일상이 그저 후세대의 구경거리 정도로만 여겨지는 건 아닐지 걱정이 된다. 그들의 삶을 기억해야 하는 것에는 십분 동의하지만 그 방식이 단지 이것뿐일까 하는 아쉬움이 남는다. 그리고 막상 벌집이 재현된 체험관에서 그들의 목소리는 찾아보기 힘들다. 그저 보여 주기식으로 만들어진 과거의 흔적만 남았을 뿐 그들이 왜 그런 곳에서 생활할 수밖에 없었는가에 대한 문제의식은 뒷전이 되어 버린다.

지금은 그때보다 먹고살기 편해지지 않았냐고 묻기도 한다. 그러나 이것은 '그땐 그랬지'라는 향수 정도로 넘어갈 문제가 아니다. 벌집은 '그때'라는 말로 지칭할 수 있는 먼 과거의 이야기가 아니다. 벌집이 밀집해 있던 구로공단 인근 주택가에 재개발 계획이 승인된 건 2000년대 이후다. 20년도 채 되지 않은 셈이다. 재개발에 대한 논의가 여전히 진행 중인 동시에, 누군가는 오늘도 벌집에서 생활한다. 비단 구로동만의 이야기가 아니다. 주택보다 아파트가 익숙해진 오늘날의 도시에서도, 각종 통계에 따르면 서울에서만 3000명 이상이 쪽방에서 살아간다. 이

또한 추정치일 뿐 얼마나 많은 사람이 체험관에 전시된 벌집 같은 곳에서 생활하고 있는지 알 수 없는 노릇이다. 2022년 유례없는 폭우 속에 잠겨 버린 쪽방촌의 모습이 보여 주듯, 우리 사회는 지금도 저소득층의 주거 환경에 대한 제대로 된 시스템조차 갖추지 못하고 있다. 이런 상황에서 '벌집 체험관' 같은 전시가 정말 옳은 선택이었는지 묻고 싶어진다.

세상이 잊은 순이들의 이야기

또 다른 공간은 바로 '순이의 방'이다. 구로공단 노동자 중 한 명이자 가상의 인물로 설정된 '순이'의 방을 통해 당시 노동자들의 생활을 친숙하게 보여 주려는 의도에서 마련된 공간이다. 아마도 순이라는 이름은 당시 공장에서 일하는 여성들을 일컫는 '공순이'라는 말에서 따오지 않았을까 싶다. 이 체험관은 10~20대 초반이었을 순이의 이야기를 통해 이곳을 방문한 청소년들에게 공감대를 형성하고 주제를 더 수월하게 전달하겠다는 목적으로 기획되었을 것이다.

132

전시장 곳곳에는 사람 모양의 하얀 마네킹이 세워져 있다. 앉아서 책을 읽는 모습부터 수돗가에서 양치하는 모습, 서로 수다를 떠는 모습까지 마치 당시의 한복판에서 순이의 친구가 된 것 같은 기분을 느낄 수 있다. 하지만 비록 가짜 사람이라 할지라도 전시장 곳곳을 채운 생활의 흔적을 보고 있노라면 이런 궁금증이 생긴다. 여기를 가득 채웠던 사람들은 전부 다 어디로 갔을까?

구로공단이 없어진 이후에도 그곳의 이야기는 미디어를 통해 자주 언급된다. 정치권의 영향도 무시할 수 없다. 노동 운동을 빼면 한국 경제사를 설명하는 것이 사실상 불가능하고, 구로공단이 그러한 노동 운동의 중심 역할을 했던 만큼 30~40년 전 구로공단에서는 수없이 많은 노동 운동가가 활동을 이어 갔을 것이다.

그중 일부는 정치권으로 진출했고 국회의원이 되었다. 정당을 불문하고 노동 운동계 출신 정치인을 찾는 것은 그렇게 어려운 일도 아니다. 물론 그들 모두가 지금도 노동 관련 활동을 하는 것은 아니지만, 노동 운동이 그들의 정치적 자산이 되었음은 분명하다. 그렇게 노동 운동은 정치와 결합하며 정책 활동으로 변화했다. 그런 정치인들이 모두 긍정적인 평가를 받은 것은 아니지만 그래도 그들이 정치권에 진출하며 국내 노동 정책의 변화가 있었음은 부정할 수 없다.

하지만 이것은 그들만의 성과가 아니다. 세상은 그들의 정치적 행보에 주목하지만 변화의 원동력은 그들과 함께 조직하고 현장을 지켰던 수많은 노동자다. 노동자들이 함께 목소리를 냈기에, 하나의 사회 현상으로 확대되어 역사적 사건이 되었고 비로소 새로운 사회적 흐름이 만들어진 것이다. 하지만 불을 지핀 사람은 보여도 함께한 사람은 보이지 않는다. 세상은 노동 운동가 출신 정치인은 기억해도 그들과 함께 활동하며 계속 노동자로 살아갔던 사람들의 이야기는 기억하지 못한다. 과거 구로공단에 자신의 청춘을 바쳤고, 구로공단이 디지털 단지로 변한 오늘날에도 어디선가 노동자로 살아가고 있을 수많은 '순이'들의 이야기를 세상은 잊어버린 듯하다.

"그 많던 여공들은 어디로 갔지?"

김선민 감독이 연출한 2005년 작 영화 〈가리베가스〉는 이렇게 묻는다.[•] 구로공단 노동자 생활 체험관을 보니 나

• 김원, 〈구로공단이라는 장소의 소멸−90년대 구로공단의 '재영토화'를 중심으로〉, 《한국학논집》 제59호, 2015, 100쪽.

도 정말 묻고 싶어졌다. 그 많던 순이들은 다 어디로 갔을까? 분명히 존재했던 그들은 지금 어디에서 삶을 이어 가고 있을까? 과거의 이야기로만 기억되는, 하지만 오늘도 어딘가에서 살아가고 있을 순이들의 이야기가 너무도 궁금하다.

경찰 고위 간부 중 한 사람이 노동 운동계에서 활동했던 경찰의 스파이였고, 그 성과를 바탕으로 빠른 승진을 한 것이 아니냐는 의혹이 불거졌다. 사실 여부와 무관하게, 오늘날 점점 잊혀지는 노동 운동의 역사가 그런 부정적인 뉴스를 통해서만 현재에 소환되는 것 같아 마음이 편치 못하다. 게다가 노동 운동가 출신의 일부 정치인은 자신의 전력을 바탕으로 노동자와 노동조합에 대한 근거 없는 비난을 합리화하기도 한다. '노동 운동을 했던 나는 당신들을 잘 알고 있으니 이런 말을 할 자격이 있다'는 논리가 그들의 비난을 뒷받침한다. 막상 자신이 노동 운동에서 몸과 마음, 그리고 생각이 멀어진 것은 30년도 넘었으면서 말이다. 내 나이보다 오랫동안 그곳을 떠나 있었고, 그 후에 노동자들을 대변해 본 적이 없는 이들이 과연 그런 말을 할 자격이 있긴 한 걸까?

한때 노동 운동을 했고 지금은 높은 자리에 계신 분들

께 묻고 싶다. 당신은 당신과 함께했던 수많은 순이를 기억하냐고, 당신이 서 있는 그 자리를 만들어 준 순이들의 이야기를 기억하고 있냐고. 그들이 청춘을 바쳤다고 추억하는 그곳에서, 누군가는 지금도 열악한 환경을 버티며 겨우겨우 생계를 이어 가고 있을지도 모른다는 생각을 하니 참으로 씁쓸한 기분이 든다.

시대를 아우르는 박물관을 꿈꾸며

철학자 한병철은 《에로스의 종말》에서 과거의 것을 박물관화하는 행위가 오히려 과거를 파괴한다고 말한다. 박물관에 들어간 순간, 그것은 과거 한순간에 살아 숨 쉬는 것이 아니라 그저 유물로서 여겨지게 되고, 그것이 누군가의 삶의 일부였다는 사실을 점차 망각하기 때문이다. 전시장이나 박물관은 존재를 기억하는 아주 강력한 방식이다. 그곳에 박제된 사람들의 이야기는 후대에도 계속 기억된다. 하지만 그로 인해 현실에 대한 고민은 하지 않고 그것을 '옛날 옛적에 있었던 이야기'라고만 생각하게 만들기도 한다.

'순이의 방' 전시가 대표적인 사례다. '순이의 방'은 옛날에 순이와 같은 사람들이 구로공단에 살았다고 이야기하지만 실상은 그렇지 않다. 열악한 환경에서 살아가는 노동자들은 과거의 이야기가 아니다. 그들은 우리 사회 어딘가에 분명히 존재하는 사람들이다. 박물관이 그들의 목소리를 담아내지 못했을 뿐이다.

　근로 소득보다 자본 소득이 중요하다고 외치며 노동에 대한 중요성이 점차 저물어 가는 시대다. 누군가는 기업가 정신의 중요성을 말하고, 또 다른 누군가는 창업과 부업의 필요성을 말하며 '월급이 개인의 성장을 가로막는 마약 같은 존재'라 말한다. 근로 소득에 대한 경시와 자본 소득에 대한 환상이 공존하는 사회에서 노동자의 생계를 말하는 구로공단 노동자 생활 체험관은 정말 필요한 공간이라고 생각한다.

　거대 서사에 가려진 노동의 관점에서 현대사를 조망하는 공간이나 전시를 찾기란 쉽지 않다. 노동자 생활 체험관은 그래서 더 귀중하고 애정이 가는 공간이다. 그리고 더 아쉬움이 남기도 한다. 강경래 교수는《미디어와 문화 기억》을 통해 박물관에 전시된 생활의 흔적들이 시간의 흐름을 단절한 채 과거의 희미한 순간들을 단순하게 전달하는 것에 그쳐서는 안 된다고 말한다. 지속적으로 흘러가는 시간 속에 존재하는 하나의 시기로서 역사를 바라보며 그것을 증명하는 오브제Objet가 되어야 한다고 보았다. 구로공단 노동자 생활 체험관 또한 수많은 순이의 삶을 전시하는 것을 넘어 오늘날 우리 삶으로 이어지는 흐름을 고민해야 한다. 의미 있는 공간인 만큼 21세기를 살아가는 사람들에게 더 많은 생각거리를 던져 주는 기획을 만날 수 있으면 좋겠다.

체험관이 노동에 대한 유의미한 고찰을 담기 위해선 더 정교하고 깊은 고민이 필요하다. 순이들의 이야기가 사라져 버린 세상 속에서 '순이의 방'이 그들의 목소리를 어떻게 기억할 수 있을까? 우리는 과연 수십 년이 지나 구로공단에서 일하던 순이들이 세상을 떠난 후에도 그들을 기억해 낼 수 있을까? 그리고 정말 2023년 우리 곁에는 순이와 같은 삶을 살아가는 이들이 사라진 것일까? 체험관을 보니 불편하지만 반드시 던져야 하는 질문들이 머릿속을 맴돈다. 어쩌면 그것이 박물관이 가진 본연의 책임일지도 모르겠다. 노동자 생활 체험관이 시대를 아우르며 더 많은 노동자들의 삶을 담아내기를 기대해 본다.

코로나 시대의
콜센터에서 살아남기

팬데믹, 뉴스에서 일상으로

코로나19 초창기였던 2020년 초, 우리는 매일 오후 2시에 질병관리본부(현 질병관리청)의 정례 브리핑을 지켜보며 확진자 수 추이와 향후 전망에 귀를 기울였다. 사상 초유의 팬데믹으로 인한 불안과 공포를 조금이나마 덜어 내고 싶은 마음에서였다. 2021년 말부터 각종 변이로 인한 대규모 확산이 시작되자 확진자 수가 급증한 뒤 수만, 수십 만 단위의 확진자 수를 목격했고, 백이나 십의 자리는 확인하지 않을 만큼 둔감해지기도 했다. 하지만 아직 확산 속도가 빠르지 않고 치명률이 높았던 2020년 당시에는 확진자가 한 명 한 명 늘어나는 것만으로도 엄청난 공포심을 자극했다. '이러다 내가 운이 없어서 전염되면 정말 죽는 것 아닐까'라는 불안감은 사람들로 하여금 더더욱 정부의 공식 브리핑에 귀를 기울이게 만들었다.

그 시기를 돌이켜 보면 확진자 수와 확산 속도의 추이를 변화시키는 데 결정적인 영향을 미친 사건들이 존재한다. 특정 종교 집단과 관련해 아파트 단지 전체가 봉쇄되기도 했고, 확진자가 다수 발생한 유흥 시설을 찾은 성소수자들에 대한 혐오가 표출된 적도 있다. 그 과정에서 여러 명의 확진자를 발생시킨 원인으로 지목된 이들은 '슈퍼 전파자'라 이름 붙여졌다.

그런 계기가 된 사건 중 하나가 바로 2020년 3월에 있었던 '구로 콜센터발 집단 감염 사태'다. 구로구에 위치한 어느 콜센터에서 확진자가 발생한 후 그 가족과 동료 직원, 그리고 같은 건물에 입주한 사무실 직원들에게까지 빠르게 확산된 사례였다. 확진자들이 출퇴근하는 과정에서 서울과 수도권 곳곳으로 바이러스가 확산되었고, 콜센터 직원 수와는 비교할 수 없을 만큼 많은 확진자가 발생했다. 이 사태를 계기로 방역 당국은 수도권의 소규모 집단 감염에 주목하게 되었다.

이 소식을 접했을 때 나는 집에서 거의 칩거하듯 지내고 있었다. 한 달 가까이 개강이 미뤄지면서 연초에 계획했던 일들이 대부분 어그러졌다. 답답함과 아쉬움도 있었지만 정부의 지침을 준수하는 것이 중요하다고 판단했기에 집 안에서 시간을 보내며 최소한의 외출만으로 일상을 이어 갔다. 그러다 보니 코로나19 팬데믹이 나와는 거리가 먼, 뉴스에서나 접할 법한 일처럼 느껴지기도 했다. 내 주변에 확진자가 있었던 것도 아니고 집 밖으로 나갈 일도 없었으며 코로나 확진 소식을 듣는 건 어디까지나 뉴스를 통해서였으니까. 그렇게 나는 점점 코로나와 무관한 사람이고, 몇 주만 지나면 이 모든 일이 끝날 거라 믿고 있었다.

하지만 콜센터에서의 집단 감염 사태는 내 안일한 생각을 완전히 뒤집어 놓았다. 우리 집에서 자전거를 타고 15분이면 도착하는, 전에도 매일같이 지나다녔던 바로 그 건물에서 벌어진 일이기 때문이다. 단 한 번도 내 주변에 있다고 생각해 본 적 없던 바이러스가 실은 내 생활 권역 안에 이미 들어와 있었던 것이다. 팬데믹의 시대 한복판을 살아가고 있음을 새삼 실감했다.

내가 구로동에 산다는 것을 아는 지인들은 걱정이 담긴 안부 연락을 보내 왔다. 나 또한 같은 동네에 사는 이웃과 지인들이 걱정됐다. 게다가 당시는 제21대 총선을 한 달가량 앞둔 시기였는데, 우리 지역구에 출마한 후보 중 한 명의 선거 캠프가 그곳에 있다는 사실이 알려지면서 상당한 주목을 받기도 했다. 관련 보도가 점점 늘어 갔고, 나를 걱정하는 연락도 그만큼 늘어 갔다. 비록 주변에서 확진자가 발생하진 않았지만, 코로나19는 나와 먼 일이라 생각하며 느슨해져 있던 내게 당시의 사태는 긴장감을 불어넣기에 충분했다.

보이지 않아서 더 취약한 사람들

이후 집단 감염 사태에 대한 역학 조사를 통해 다양한 요소가 그 원인으로 지목되었다. 그중에서 가장 직접적인 원인은 바로 콜센터 종사자들의 근무 환경이다.

집단 감염 발생 직후 민주노총의 콜센터 노조가 발표한 성명서에 따르면, 적게는 수십 명, 많게는 100명이 넘는 인원이 좁은 공간에서 밀집한 채 계속 말을 해야 하는 근무의 특성상 거리 두기는커녕 통화 음질 문제 때문에 마스크 착용조차 어려웠다고 한다. 게다가 장비 설치 문제로 인해 재택근무도 여의치 않은 환경이었다. 뿐만 아니라 상당수가 원청으로부터 외주를 받은 하청업체 소속이다 보니 원청과 하청업체의 이중 실적 압박에 시달렸고, 건강에 이상이 생긴 후에도 당일 연차 및 조퇴가 사실상 불가능한 분위기라고 밝혔다.

콜센터 상담사들의 노동 환경을 연구하는 문화인류학자이자 가정의학과 전문의 김관욱 교수는《사람입니다, 고객님》에서 구로디지털단지와 가산디지털단지로 불리는 '서울 디지털 산업 단지'에 콜센터들이 밀집해 있다는 점에 주목한다. 이를 통해 콜센터의 노동이 그곳의 전신인 구로공단의 노동과 높은 유사성을 보인다는 사실을 지적했다. 타 산업에 비해 낮은 임금으로 다수의 여성 노동자를 고용하는데 이들은 밀집된 근무 환경과 장시간 노동, 지속적인 감시로 인해 높은 스트레스에 노출된다. 상담사들은 충분한 휴식 시간이 보장되지 않아 이러한 스트레스를 짧은 시간 안에 해소하기 위해 흡연에 기댄다. 그래서 상담사들의 평균 흡연율은 타 직종 근무자보다 높다. 이는 과거 구로공단에서 근무하던 여공들이 카페인

각성제를 먹어 가며 철야 작업에 투입되었다는 사실을 떠올리게 한다는 것이다.

하지만 이들의 건강권 문제는 쉽게 다뤄지지 못한다. 물리적인 외상이 주를 이루는 블루칼라 노동자들의 근무 환경과 달리 사무실 컴퓨터 앞에 앉아 생활하는 콜센터 상담사들의 노동은 화이트칼라 노동에 더 가깝기 때문에 그 상처가 겉으로 드러나지 않는다. 한국 사회의 현저히 낮은 산재 판정률을 고려한다면 이것은 콜센터 상담사들만의 문제가 아니다. 여기에 정신과적 질환에 대한 언급이 터부시되는 사회 분위기가 교차되면서 이들의 상처는 계속해서 곪아 간다. 특히 노동 환경의 문제가 점차 약자들에게 전가되는 모양새인 최근 노동 시장의 경향을 고려한다면, '비정규직, 하청업체 소속, 저임금, 여성 노동자'라는 약자로서의 정체성을 복합적으로 경험하는 이들의 건강 문제는 더 심각하다.

코로나19 팬데믹은 우리가 그동안 간과해 왔던 '건강권'에 대한 담론을 급속도로 확장시켰다. 코로나19 감염으로 인한 자가 격리와 해당 기간 동안의 휴가 사용 문제부터 확진자를 치료하는 사회적 비용의 부담, 나아가서는 확진 이후 확진자와 완치자들이 겪는 신체적·정신적 후유

증과 백신 필수 접종에 대한 안전성 문제까지 여러 분야를 아우르는 건강 담론이 사회 곳곳을 파고들었다. 그전까지는 일부 전문가와 정책 당국의 몫이었던 고민이 시민과 사회 전반의 영역으로 퍼진 것이다.

신체적 건강에 대한 담론도 중요하게 언급되었지만, 정신적으로 건강할 권리에 대한 담론들도 함께 대두되었다. 정신과 치료 경험을 언급하는 것 자체가 터부시되어 온 한국 사회에서는 상당한 진전이었다. 거리 두기의 장기화로 인한 사회적 단절과 '코로나 블루', 코로나19 완치자들이 다시 사회로 복귀했을 때 경험한 혐오 시선과 그로 인한 스트레스 등 다양한 정신적 문제들이 언급되었다.

실제로 대규모 확산 사태의 시작점으로 지목되었던 콜센터 사무실은 확진자들의 치료가 완료되고 사무실을 다른 층으로 이전한 후에도 통로 쪽 유리창에 A4 용지를 빼곡히 부착해 외부로부터의 시선을 차단했다. 바이러스의 '온상'이라면서 보내는 따가운 시선으로부터 도망치고자 선택한 일이었다.[•]

사실 정신 건강 문제는 코로나19 팬데믹이라는 이례적

• 신지환, 강승현, 〈'집단 감염' 구로 콜센터 다시 가보니…유리창에 붙은 '마음의 벽'〉, 《동아일보》, 2020년 5월 22일.

인 사건으로 인해 대다수에게 널리 인식되었을 뿐 그 이전에도 지속적으로 제기되어 온 문제다. 특히 앞서 말한 것처럼 정신과 방문 경험에 대한 언급조차 꺼리는 한국 사회에서는 정신적 문제를 가졌더라도 병원이나 심리 치료 센터 등 전문 기관을 찾지 않아 구체적인 통계 파악이 어렵다고 한다. 이런 상황에서 더욱 취약한 환경에 놓여 있는 이들이 있다. 바로 콜센터 노동자로 대표되는 감정 노동자들이다.

기술만으로는 해결할 수 없는 상처

고객 만족이라는 기업의 목표를 최전선에서 실행해야 하는 그들은 욕설과 인격 모독, 성희롱에 너무 쉽게 노출된다. 누군가는 "진상 고객은 극소수일 뿐 대다수의 손님은 '정상적'이지 않냐"며 그들이 겪는 정신적 폭력을 이례적 사건으로 취급하기도 한다. 하지만 아무리 소수라 하더라도 엄연히 존재하는 폭력이라는 것이 문제다. 또 그것이 그렇게 이례적인 경험도 아니라는 사실은 더 큰 문제다. 국가인권위원회에 따르면, 콜센터 상담사들은 월평

균 11회의 폭언과 1회의 성희롱을 경험한다.[*] 여기에 그들이 근무했던 근속 기간을 곱하면 한 인간이 경험하는 폭언과 성희롱의 횟수라고 상상할 수 없을 만큼 어마어마한 숫자를 마주하게 된다. 조사 대상자의 절반에 가까운 47.6퍼센트가 '죽고 싶다는 생각을 해 본 적 있다'고 응답했다는 점을 떠올려 보면[**] 이들의 내면을 파고드는 말로 인한 상처가 얼마나 치명적인가를 생각하게 된다.

게다가 근무 환경이 취약해질수록 이러한 노동은 노동시장에서 약자에 해당하는 이들에게 점차 집중된다. 이제막 시장에 진입한 청소년과 청년들이 대표적인 사례다. 특성화고 실습생의 노동 환경을 둘러싼 구조적 문제를 다룬 신수원 감독의 영화 〈젊은이의 양지〉와 정주리 감독의 영화 〈다음 소희〉가 모두 콜센터를 배경으로 하고 있다는 점만 봐도 그러하다. 게다가 내 주변에서도 명절이나 연말과 연초 같이 상담 건수가 급증하는 시기에 콜센터 알

[*] 진주원, 〈상담사에 실컷 욕해놓고 "혼잣말인데?"⋯억압 못하는 감정노동자 보호법〉, 《한국일보》, 2022년 10월 18일.

[**] 박주현, 〈갑질 수 재위라 화장실도 못 가는데 최저시급⋯'다음 소희' 콜센터는 '현재 진행형'〉, 《한국일보》, 2023년 12월 24일.

바로 수입을 올리는 지인이 적지 않았다. 열악한 근무를 통해서라도 수입을 얻는 것이 절실한 노동 시장의 약자들이 끊임없이 그곳으로 진입한다. 콜센터 산업이 구조적 문제에 대한 개선 없이 노동 시장에서 도태되지 않고 살아남을 수 있는 이유도 이 때문일 것이다.

일각에서는 감정을 느끼지 못하는 로봇이 그들의 일을 대체하도록 하는 방안도 등장했다. 이러한 해결 방안은 위험도가 높은 노동의 문제점을 주장할 때면 쉽고 간편한 해결책인 양 제시되곤 한다. 이는 감정 노동 영역에서도 마찬가지다. 경기도와 KT가 함께, 감정 노동을 줄일 수 있는 24시간 'AI 콜센터'를 추진하겠다고 발표한 것이 대표 사례다. 실제로 최근에는 콜센터에 전화를 걸면 상담사와의 통화에 앞서 ARS나 인터넷 챗봇이 먼저 연결되기도 한다.

하지만 상담사들이 정신적인 폭력에 노출되는 것을 이런 기술이 해결해 준다고 보기는 어렵다. 우리는 많은 부분에서 기술 발전이 인간의 노동량을 획기적으로 줄여 준다고 믿었고, 실제로 상당 부분 그래 왔다. 하지만 미디어

• 김민기, 〈감정노동 줄일 'AI 콜센터' 추진〉, 《기호일보》, 2023년 2월 20일.

이론가 마셜 매클루언Marshall McLuhan에 따르면 가전제품과 같은 새로운 기술이 노동을 절약해 줄 거라는 환상과 달리, 노동의 형태가 다른 방식으로 변화할 뿐 노동량은 줄어들지 않는다고 한다. AI 콜센터가 설치되어 상담사에게 요구되는 상담 건수가 감소하면, 고용자들은 그만큼 상담사 수를 줄일 것이고 1인당 상담 건수는 원상 복귀하거나 기존보다 많아질 것이다. 이러한 과잉 노동에는 'AI가 어려운 상담을 처리해 주니까 일이 편해지는 거 아니냐'는 부담까지 가중된다. 또 AI가 진행하는 상담을 누군가는 관리하고 그것에 책임도 져야 한다는 점까지 고려하면 결코 노동력이 줄어든다고 보기 어렵다.

최근 급격하게 숫자가 줄고 있는 은행 영업점을 떠올려 보자. 그곳에서 창구를 담당하는 은행원들은 콜센터 상담사들과 함께 감정 노동자의 대표 사례로 언급된다. 모바일 뱅킹, 키오스크, 간단한 업무를 볼 수 있는 ATM 등 다양한 기술이 개발되면서 창구를 찾는 손님이 줄어들었고 이는 영업점과 직원의 대대적인 감축으로 이어졌다. 하지만 우리가 영업점을 방문했을 때 은행원들이 예전보다 한가해 보이던가? 창구를 찾는 사람들이 줄어든 만큼, 어쩌면 그보다 더 많은 직원들이 사라졌고, 은행은 언제나 인

산인해를 이룬다. 그들의 노동량이 줄었으면 우리의 대기 시간도 줄어야 하는데 그렇게 보이진 않는다. 게다가 기술 도입 전에는 없었던 모바일 뱅킹 앱 설치를 도와주거나 키오스크 사용법을 설명하는 등 창구를 줄이기 위해 요구되는 새로운 노동이 등장했다.

콜센터 상담사들의 노동 환경을 개선하겠다는 미명하에 AI가 그들의 노동을 대체하면 오히려 그들의 일자리를 빼앗은 부정적 결과만 가져올 수 있다. 콜센터 상담사는 한국고용정보원이 발표한 '4차 산업 혁명 시대의 위기 직업 8선'에 가장 먼저 이름을 올렸다. 게다가 콜센터 산업이 서구는 물론 국내에서도 상당한 일자리 창출의 주력 산업으로 평가된다는 점을 고려하면, 콜센터 상담사의 집단 실업이 사회 전반에 미칠 영향을 짐작할 수 있다. 기술로 대체하는 것이 마냥 능사는 아니라는 뜻이다.

• 이병훈, 김혜영, 권현지, 김종성, 《콜센터의 고용관계와 노동문제》, 한국노동연구원, 2006.

우리는 팬데믹을 거치며 사회 구성원 모두의 건강이 하나로 연결되어 있다는 사실을 배웠다. 사회에 속한 존재들 중 누군가 아프다는 것은 결국 모두가 아파질 수 있음을 의미한다. 서울시 코비드19 심리지원단 단장을 맡았던 정신건강의학과 김현수 교수는 《코로나로 아이들이 잃은 것들》에서 모두의 건강을 위해선 서로가 아프지 않도록 노력해야 하는 것이 코로나가 남긴 메시지라고 했다. 우리가 몇 년 동안 많은 비용을 지출하며 견뎌 온 팬데믹의 시간이 무의미해지지 않으려면 전과는 다른 관점이 필요하다. 지금까지 감정 노동에 노출된 누군가의 정신적 문제가 나와는 별개의 문제처럼 느꼈을지라도, 이제 우리 모두의 건강은 연결되어 있다는 생각으로 다가갈 수 있어야 한다.

콜센터 상담사들의 감정 노동 문제를 해결하는 것은 모든 일하는 사람이 노동 환경에서 겪는 정신적 문제의 대책을 세우는 것이기도 하다. "누군가에게 일어난 일은 누구에게나 일어날 수 있는 일"이라는 말처럼, 가장 취약한 위치에 있는 이들이 받는 고통은 결국 나 또한 겪게 될지도 모른다. 감정 노동으로 고통받는 이들의 노동 환경을 개선하는 일은, 결국 언젠가 나에게 닥칠지 모르는 불확실한 미래를 대비하는 일이기도 하다.

세상의 모든 노동자가 건강했으면 좋겠다. 신체적으로든, 정신적으로든 다치지 않고 무사히 매일의 일과를 마치고 평온하게 집으로 돌아갈 수 있었으면 좋겠다. 우리의 건강은 모두 연결되어 있다는 사실을 다시 한번 떠올리며, 단 한 사람도 아프지 않고 건강하게 일할 수 있기를 바란다.

메이드 인 구로공단과
변방의 문제들

메이드 인 코리아의 시대

가산디지털단지의 끝자락에는 '수출의 다리'가 있다. 얼핏 들었을 때는 사람들 사이에서 공공연하게 불리는 비공식적인 이름 같아 보이지만 놀랍게도 정식 명칭이다. 심지어 다리 아래로 강이 흐르지 않는다. 도로와 도로를 연결해 주는 고가 도로에 가깝다. 가산디지털단지를 지나는 전철은 지상 구간이기에 철도를 중심으로 동서가 구분되는데, 수출의 다리는 철도 위를 지나며 이 두 지역을 연결하는 역할을 한다.

수출의 다리는 이렇게 유용한 존재지만 동시에 가산디지털단지의 심각한 교통 체증을 유발하는 원인 중 하나로 지목된다. 넓이가 왕복 2차선에 불과한 좁은 다리이기 때문이다. 심지어 인도도 없다. 다리가 없는 것보다는 나을 수도 있겠지만 가산디지털단지의 엄청난 유동 인구를 감당하기엔 너무도 부족하다. 하지만 철도 위를 지날 수 있는 유일한 길이기에 사람들은 불편함에 짜증을 내면서도 매일같이 그 다리를 이용한다.

수출의 다리가 세워진 건 지금과는 비교할 수 없을 만큼 자동차 통행량이 적었던 1970년이다. 50년이 지난 지금 이렇게 교통량이 많아질 것이라곤 상상도 하지 못했을 것이다. 그렇게 수출의 다리는 영등포구에 속했던 구로공단이 구로구를 거쳐 금천구가 되고 가산디지털단지라는 형태로 새롭게 태어난 이후에도 그 자리를 지키고 있다. 자신의 역량보다 과한 교통량을 온 힘을 다해 버텨 내면서.

사실 이 다리를 자주 지나다니면서도 그렇게 오래된 시설일 것이라곤 생각하지 못했다. 지금은 한강 다리가 30개 이상이지만 1970년에는 4개에 불과했다. 그런 시기에 구로공단 같은 서울 변두리에 이렇게 번듯한 다리가 세워졌다는 사실을 믿을 수 없었다. 성장과 발전의 균형보다 속도가 중요했던 당시로서는 더더욱 있을 수 없는 일처럼 보였다.

일반적으로 다리에는 지명이나 번호를 붙이는데 '수출'이라는 거창한 이름이 붙었다는 점도 흥미로운 지점이다. '수출만이 살길'이라는 표어를 들어 보긴 했지만 다리에도 이름을 붙일 만큼 수출에 진심일 줄은 몰랐다. 또 그 당시에 구로공단이 대한민국의 수출에 내 예상보다 더 많은 기여를 했을 것이라 미루어 짐작할 수 있었다. 그렇지 않고서야 '수출의 다리'라는 '자랑스러운' 이름을 선사했을 리 없으니까.

1999년생인 내게 '세계의 공장'은 언제나 중국이었다. 중국은 세계 제조업에서 절대적인 비중을 차지했고, 한국을 포함한 전 세계 기업들이 중국 공장에서 물건을 만들었다. '저렴함'이라는 매력으로 소비자와 생산자를 모두 사로잡은 '메이드 인 차이나'는 전 세계인의 생활 곳곳에 스며들었다. 오죽하면《메이드 인 차이나 없이 살아보기》라는 책까지 나올 정도였다. 저렴함을 넘어 '싸구려'와 '저품질', '불신'의 이미지가 더해졌다. 하지만 사람들은 욕하면서도 메이드 인 차이나를 포기하지 못했다. 메이드 인 차이나의 가격은 포기를 포기하게 만드는 마력의 존재였다.

그런데 메이드 인 차이나 이전에 '메이드 인 코리아'가 있었다. 초등학생 때로 기억하는데, 하루는 엄마가 세탁기에 돌린 내 책가방을 건조대에 걸다가 우연히 거기에 붙어 있는 태그를 보았다. 거기에는 자그마하게 '메이드 인 차이나'라고 쓰여 있었다. 엄마는 그 문구를 보고 웃으며 말했다.

"요새는 전부 메이드 인 차이나네. 나 어릴 땐 이런 거 다 메이드 인 코리아였는데. 심지어 엄마 삼촌이 해외 출장을 다녀오면서 인형을 사다 줬는데, 그 인형도 메이드 인 코리아였어. 비행기 타고 그렇게 멀리까지 가서 힘들게 사 온 건데 결국 한국산이었던 거지. 진짜 웃기지 않아?"

21세기의 중국이 저렴한 인건비와 정부의 공격적인 경제 정책으로 세계의 공장을 자처했다면, 20세기의 대한민국은 저임금 노동자들을 기반으로 메이드 인 코리아를 전 세계에 퍼뜨렸던 것이다.

그 중심에는 구로공단이 있었다. 구로공단 혼자만이 이루어 낸 일은 아니지만 주요한 역할을 했다는 점은 분명하다. 50년째 과거의 모습을 지키고 있는 수출의 다리가 그 사실을 증명한다. 수출의 다리가 교통 체증으로 인한 사람들의 끝없는 민원과 원성에도 불구하고 미래 유산에 지정되고 자기 모습을 유지할 수 있는 것도 어쩌면 그러한 이유에서인지 모르겠다.

뿐만 아니라 디지털 단지 곳곳을 다니다 보면 안내판을 어렵지 않게 만날 수 있다. 그 자리에 얼마나 큰 공장이 있었고 얼마나 많은 노동자가 일했으며 그 공장이 수출에 얼마나 큰 기여를 했는지 구구절절하게 적어 내려간 비석이다. 그 비석들은 구로공단이 메이드 인 코리아에 기여한 바를 적극적으로 어필한다.

가산디지털단지의 교통 체증을 도저히 견디지 못하고 30분 거리를 걸었던 내 출퇴근 경로에도 기념판이 있었다. 국내 최초의 미니 카세트와 전자 완구를 생산하던 '남화전자'가 있던 곳이라고 했다. 1970년대 말 기준으로 300여 명이 근무했고 생산한 제품을 수출도 하던 회사라는 설명이 덧붙어 있다. 사진도 없이 오로지 글로만 설명되어 있어 정확히 알 수는 없지만 상당한 규모의 회사였으리라 짐작할 수 있다. 남화전자는 1980년대에 이르러 노조를 와해시키기 위한 회사와 정부의 일방적 폐업 결정 때문에

157

완전히 사라져 버렸지만 말이다.

수출의 다리와 곳곳에 남아 있는 안내문, 공단 시절부터 시작해 디지털 단지에서 명맥을 이어 가는 소수의 공장들까지. 그 시절의 구로공단이 메이드 인 코리아와 수출의 중심이었다는 증거들은 디지털 단지에 굳건히 남아 있다.

세계의 공장이 되기 위한 조건

사실 당시 구로공단으로 대표되는 메이드 인 코리아가 수출의 중심이 될 수 있었던 것은 중국이 세계의 공장으로 자리매김할 수 있었던 것과 비슷한 특징을 가졌기 때문이다. 저렴한 임대와 인건비를 확보했다는 점이 가장

* 해당 안내문에는 "1981년 회사는 부도에 이르렀으며, 조합원들은 회사를 살리기 위해 은행과 정부를 상대로 지원을 호소하였으나 결국 받아들여지지 않고 폐업 처리되었다"라고 기재되어 있다. 그러나 2013년 서울행정법원은 "남화전자 폐업은 경영상 어려움보다 원고들의 노조 활동을 막으려는 방편으로 진행됐다"는 남화전자노조 해직자들의 주장을 받아들였다.(김은성, 〈남화전자노조 해직자, 32년 만에 명예회복〉, 《매일노동뉴스》, 2013년 6월 12일.)

크다. 하지만 정부가 경제 성장이라는 '대의'를 위해 노동과 환경 문제를 용인해 주었다는 점도 선진국 기업들에겐 상당히 매력적이었을 것이다. 선진국 입장에서는 골칫거리인 저임금 장시간 노동 문제에 대한 규제와 환경 문제의 어려움을 '변방'에 해당하는 개발 도상국들이 말끔히 해결해 주었기 때문이다.

서울의 많은 지역 중 구로동에 공단이 들어선 것도 그러한 이유 때문일 것이다. 구로공단이 형성될 당시 구로동은 서울의 변방이었다. 지금도 경기도와 맞닿아 있는 접경지대지만 당시는 더더욱 변방에 속했다. 전통적인 의미의 서울이 아닌, 현대에 들어서 점차 확장된 서울의 영역이기 때문이다. 중산층 시민들이 거주하는 지역과는 거리가 있었고 그래서 그만큼 지대가 저렴해 공장을 건립하기에도 용이했을 것이다. 지방처럼 넓은 면적을 사용할 수 있으면서도 서울에 위치해 접근성도 높았다. 그렇게 서울의 변방이었던 구로동에 공단이 들어섰다. 그리고 노동력이 모이기 시작하면서 구로동에 메이드 인 코리아의 전성시대가 열렸다.

하지만 대한민국과 서울의 경제가 점차 성장하면서 상황은 급변했다. 서울의 변방이었던 구로동이 점차 중심으로 편입되기 시작한 것이다. 공장 노동자들이 거주하는 '벌집'만이 가득했던 구로동에도 대단지 아파트가 들어섰다. 내가 사는 곳도 1980년대에 구로공단 배후 지역에 세워진 아파트 단지 중 하나다. 그렇게 구로동은 점차 공단에서 베드타운으로 자리 잡았다.

공단은 중심이 된 구로동을 떠나 새로운 변방을 찾아야 했다. 일부는 서울을 떠나 지방으로 이주했고, 다른 일부는 한국을 떠나 중국에 자리를 잡았다. 여기에 과거 한국이 그랬던 것처럼 중국의 공격적인 공장 유치 전략이 더해지면서, 메이드 인 코리아의 시대가 저물고 메이드 인 차이나의 시대가 시작되었다.

변방으로 밀려나는 문제들

메이드 인 차이나의 시대와 함께 이동한 건 공장만이 아니었다. 공장을 둘러싼 환경 문제도 함께 옮겨 갔다. 실제로 구로공단이 구로동을 떠나 다른 지역으로 이주하게 된 결정적인 이유 중 하나가 바로 환경 문제다.

20세기 후반이 되자 '쾌적한 환경'에 대한 시민들의 요구가 점차 늘어났다. 그런 상황에서 구로공단을 비롯한 서울 시내의 공장들은 쾌적함을 방해하는 오염의 원인으로 취급되었다. 특히 구로공단 주변에 아파트 단지가 들어서면서 그러한 목소리에 더더욱 힘이 실리기 시작했다. 결국 서울은 공장을 서울 바깥으로 몰아내는 데 성공한다.

이러한 변화를 그대로 보여 주는 것이 바로 안양천이다. 한강의 큰 지류들 중 하나인 안양천은 구로공단과 경기도 광명시의 경계를 구분하며 흐르는데, 특히 다른 한강 지류와 달리 비교적 넓은 수변 공원을 가졌다는 특징이 있다. 안양천은 우리 집에서 도보로 10분 거리에 불과했기 때문에 어렸을 때부터 자주 찾았다. 하천이지만 악취가 나지 않는다는 점도 안양천을 즐겨 찾았던 이유 중 하나다. 안양천에 인접해 있어 같은 물길을 공유하는 도림천이나 목감천이 악취 문제로 어려움을 겪는 것과는 대비된다.

하지만 어른들은 지금의 깨끗한 안양천을 보며 격세지감이라고 말한다. 안양천의 물은 더럽고 냄새도 심한, 대표적인 오염 하천 중 하나였다고 말이다. 고등학교 지구과학 수업 시간에 하천의 오염도에 대해 배울 때에도 안양천의 수질 변화는 중요한 이슈 중 하나였다. 선생님은 서울 하천들의 오염도가 시대별로 어떻게 변했는지 보여 주었는데, 다른 하천들에 비해 안양천의 수질이 얼마나 좋아졌는지 강조하기도 했다.

과거 안양천이 오염이라는 몸살을 겪었던 이유 중 하나는 바로 구로공단이었다. 공장의 폐수는 물론, 인프라가 마련되지 않은 상태에서 노동자들이 급격하게 몰려들면서 배출된 생활 하수도 문제였다. 환경 문제에 대한 인식이 부족하던 시절인 만큼 제대로 된 정화를 기대하기 어려웠다. 하지만 이후 공장이 사라지고 시민들의 자발적인 정화 운동을 거친 끝에 오늘날의 깨끗한 안양천으로 다시 태어날 수 있었다.

이제 우리 눈에는 구로공단이 만들어 내던 오염이 보이지 않는다. 최소한 맨눈으로도 확인이 가능했던 매연과 폐수가 사라졌으니 앞으로 상쾌한 삶이 펼쳐질 것만 같았다. 하지만 현재 공기는 좋아지기는커녕 점점 나빠지고 있다. 황사와 미세 먼지가 수시로 덮쳐 와서 코로나 이전에도 KF-94 마스크로 입과 코를 가려야 했다. 앞으로는 미세 먼지가 심각한 날이 그렇지 않은 날보다 더 많을 거라는 절망적인 예측도 있다. 분명 공장은 사라졌는데 왜 우리의 호흡은 도무지 상쾌해지지 못하는 걸까?

누군가는 이 문제의 원인으로 중국을 지목한다. 중국이 산림을 파괴하고 그곳에 공장을 짓는 바람에 사막화가 일어났고 거기서 불어오는 모래바람과 공장이 내뿜는 오염 물질이 섞여 한국까지 날아온다는 것이다. 하지만 과연 이 문제의 원인을 중국에게만 돌려야 할까? 우리나라는 일방적으로 미세 먼지에 당하는 억울한 피해자인 걸까?

아이슬란드의 환경 운동가 안드리 스나이어 마그나손은 저서 《시간과 물에 대하여》에서 중국의 사막화로 인한 환경 오염의 원인을 중국에서만 찾는 관점은 경계해야 한다고 주장한다. 그런 선택을 한 중국에게 가장 큰 책임이 있지만, 선진국의 다국적 기업들도 더 저렴한 생산을 위해 중국의 환경 파괴에 일조했다는 것이다. 그는 이러한 선택들이 결국엔 20세기의 개발 과정에서 벌어졌던 실수들을 훨씬 더 큰 규모로 되풀이하게 만든다는 우려를 표한다.

선진국은 계속해서 변방을 찾으며 자신들이 짊어져야 할 환경 오염의 비용을 전가한다. 그리고 그 변방이 중심이 되면, 새로운 변방을 찾아 그 비용을 똑같이 전가한다. 1960년대의 변방이었던 대한민국, 그중에서도 변방에 세워진 구로공단이 그러했다. 그리고 구로공단이 중심이 되자 새로운 변방인 중국으로 환경 오염 문제가 전가되었다. 이렇게 전가되는 과정에서 마치 문제가 해결된 듯 보이지만 사실 문제는 전혀 사라지지 않는다. 그저 우리로부터 멀어져 잘 보이지 않을 뿐이다.

뫼비우스의 띠에서 벗어나려면

한때 우리 일상 곳곳에 녹아 있던 메이드 인 차이나 상품들도 점차 그 비중이 줄고 있다. 메이드 인 베트남, 메이드 인 인디아, 메이드 인 파키스탄, 메이드 인 방글라데시 등 다채로운 원산지 라벨을 확인하다 보면 내가 입은 옷과 들고 있는 가방만으로도 아시아 일주가 가능할 정도다.

40여 년 전의 한국이 저렴한 인건비와 정책적 지원으로 선진국이 소비하는 제품들을 생산하며 그로 인한 비용을 떠안았던 것처럼, 이제는 선진국 반열에 오른 한국의 소비를 감당하기 위해 개발 도상국이 저임금 노동으로 인한 노동 문제와 공장 과밀로 인한 환경 문제 등을 떠안게 된 것이다. 구로공단의 노동 문제와 열악한 주거 환경, 안양천의 수질 오염처럼 우리가 과거에 겪었던 문제들이 그곳에서 다시 반복되고 있을 것이다. 그리고 또 시간이 지나 변방이었던 그들이 중심이 되는 날이 찾아오면, 그들은 자신들이 짊어졌던 비용을 넘겨 줄 새로운 변방을 찾을지 모른다. 이렇게 중심에서 변방으로 전가되는 비용들은 마치 뫼비우스의 띠처럼 끊임없이 재생산된다.

뫼비우스의 띠는 끝이 없기 때문에 어디에서 시작하든 결국 처음으로 돌아갈 수밖에 없는 특징이 있다. 중심에서 변방으로 이동하는 뫼비우스의 띠에 올라탄 우리의 운명도 그렇다. 우리가 전가했던 문제들은 언젠가 다시 우리에게 돌아오기 마련이다. 서울 시민들은 구로공단을 무조건 변방으로 밀어내기만 하면 쾌적한 환경에서 살 수 있을 것이라 믿었다. 물론 잠깐은 그랬다. 하지만 우리는 그렇게 밀려난 공장들이 뿜어내는 미세 먼지 때문에 호흡과 기관지 걱정을 떨쳐 버리지 못한 채 매일을 살아간다.

지금은 다들 중국발 미세 먼지에 대한 비판을 쏟아내지만, '메이드 인 ○○○'의 빈칸을 채우는 베트남, 인도, 파키스탄, 방글라데시로부터 시작된 오염 문제들이 언젠가는 새로운 위협으로 다가올지 모른다. 결국 우리가 편해지려고 모른 척 전가했던 비용들이 오롯이 되돌아오는 것이다.

하루빨리 이 뫼비우스의 띠에서 벗어나야 한다. 편리함에 대한 비용을 짊어지는 게 마치 폭탄을 들고 있는 것처럼 두려울지라도, 그래서 그런 폭탄을 변방으로 넘겨 버리고 싶은 유혹이 든다고 해도, 우리에겐 폭탄 돌리기로 상황을 모면하는 대신 폭탄을 줄이고 없앨 수 있는 힘이 있다고 믿는다. 우리는 반드시 방법을 찾아낼 것이다. 아니, 찾아야만 한다. 폭탄 돌리기를 끝내고 뫼비우스의 띠에서 벗어날 방법을.

3부

회색 도시를 넘어
모자이크 도시로

마라탕, 고향의 맛
유행의 맛

마라탕이 전국을 강타했던 시기가 있었다. 서울을 통틀어 손에 꼽을 정도였던 마라탕 가게들이 우후죽순 늘어났고, 마라를 접목한 메뉴가 다양하게 등장했다. 마라 컵라면부터 마라 스팸, 마라 족발과 마라 삼각김밥은 물론 마라 곱창과 마라 치킨까지. 마라가 없는 곳이 없을 정도였다. 이제 선풍적인 인기는 잦아들었지만 여전히 마라는 우리 삶 곳곳에서 많은 이의 사랑을 받고 있다. 10대 청소년들 사이에서 친구들과 함께 반드시 먹어야 하는 필

수 메뉴가 되었다는 이야기가 들려올 정도다.

　나 또한 마라탕을 좋아한다. 아니, 좋아하는 걸 넘어 중독에 가깝다. 주기적으로 마라탕을 섭취해 '혈중 마라 농도'를 맞춰야 삶의 의욕이 생긴다. 틈만 나면 줄기차게 마라탕을 얘기해 온 탓에, 친구들과 메뉴를 정할 때면 '또 마라탕이냐'며 놀라지도 않는다. 내가 제시하는 메뉴 선택지에는 언제나 마라탕이 들어가 있기 때문이다. 마라탕뿐 아니라 마라샹궈, 마라반, 마라룽샤 등 마라 메뉴는 참 다양하지만 나의 선택은 초지일관 마라탕이다. 사실 마라탕은 그다지 건강에 이롭지 않은 데다 특히 칼로리 폭탄에 가까운 음식이다 보니, 이성의 끈을 부여잡은 채 최대한 자제하고 있지만 마라탕에 대한 욕망은 잠잠해질 생각이 없다.

　내가 처음 마라탕에 빠졌을 때만 해도 한국에는 마라탕 가게가 거의 없었다. 중국인이 많이 사는 곳을 찾아가거나 어렵게 검색해서 겨우겨우 발견하는 정도였다. 그런데 어느 날부터 유튜브에 마라탕을 먹는 영상들이 올라오기 시작했고, 인터넷에 마라탕을 검색하면 엄청난 양의 검색 결과가 나를 반겼다. 너무 행복했다. 마라탕을 먹으려고 고생하지 않아도 된다는 사실이 감격스러웠다. 마라탕이라는 트렌드에 남들보다 한발 앞서갔다는 뿌듯함과 함께, 내가 그렇게 맛있다며 권했을 때 끊임없이 거절당했던 억울한 기억도 떠올랐다. 그렇게 마라탕을 자주 먹을 수 있게 되면서 마라를 더욱 사랑하게 되었고 그 사랑은 지금까지 계속되고 있다.

나는 스스로 '마라 얼리어답터'라 자부한다. 유행을 따라가기는커녕 매우 뒤처지는 타입이라 얼리어답터라는 말이 전혀 어울리지 않는 사람인데 마라탕에 대해서만큼은 다르다. 정확히 언제부터 먹기 시작했는지는 모르겠지만 마라탕 열풍이 일어나기 훨씬 전이었던 것만은 확실하다. 그리고 이런 마라 얼리어답터가 될 수 있었던 비결은, 내가 구로동에 살고 있기 때문이다.

국내에서 가장 큰 중국인 밀집 지역 중 하나인 구로동에는 중국 음식점이 많다. 짜장면이나 짬뽕 등을 파는 '중화요리점'이 아니라 실제로 중국에서 먹는 음식을 파는 식당이 많다. 쉽게 접할 수 있는 만두나 양꼬치부터 중국의 각종 가정식 반찬은 물론, 특이한 요리의 대명사인 전갈 요리까지. 중국에 직접 가지 않아도 구로동에서라면 중국 여행만큼 풍성한 맛 기행이 가능하다. 마라탕도 그중 하나다. 해외의 어느 한식당에 가도 김치찌개와 된장

찌개를 팔듯, 구로동에 있는 웬만한 중국 음식점에서는 마라탕을 판매한다. 마라탕이 중국 전역에서 널리 찾는 메뉴는 아닌 것으로 아는데 구로동에서는 다르다. 고향을 떠나 타국에서 일하다 보면 출신 지역을 따지고 구별하는 게 조금은 약해지기 마련이다. 평소에는 한식에 대해 아무런 생각도, 느낌도 없지만 해외에 조금만 오래 나가 있으면 메뉴와 상관없이 한식에 끌리는 것처럼 말이다.

나는 어릴 때부터 중국 식당들을 자주 드나들며 먹은 탓에 흔히 '중국 냄새'라고 말하는 향신료에 굉장히 익숙하다. 향신료의 집합체와 같은 마라탕을 좋아하는 것도 이 때문이다. 우리 가족은 명절이면 차례상에 올릴 제수 음식을 준비하기 위해 구로시장을 찾는다. 그리고 장을 본 후에는 항상 시장 초입에 위치한 중국 식당에서 식사를 했다. 가족들과 장을 볼 때면 내내 식당에서 먹을 우육 탕면, 물만두, 마라 미셴(쌀국수를 넣고 끓인 마라탕) 생각이 떠나지 않았다. 장보기를 마친 뒤 무거운 짐을 들고 음식점에 들어가 얼얼한 국물을 떠먹으면, 시장에 오길 잘했다는 뿌듯함이 느껴졌다.

마라탕집을 자주 다녀 본 사람이라면 알겠지만 그곳의 사장과 점원은 대부분 중국인이거나 재한 중국 동포이다. 고객을 응대할 때에는 한국어로 말하지만 자신들끼리 대화할 때는 중국어를 쓰는 경우가 많다. 다른 나라 음식점에 비해 마라탕집이 더 이국적으로 느껴지는 것도 이러한 이유 때문일 것이다. 한국 식당에서 중국인이나 재한 동포 직원을 만나는 게 특별한 일은 아니다. 하지만 마라탕집이 특별한 건 중국인 사장이 운영하는 경우가 많기 때문이다.

이것은 비단 마라탕집만의 모습은 아니다. 남원상 작가의 저서 《지배자의 입맛을 정복하다》에서는 마라탕처럼 대중적인 이민자 음식을 '디아스포라 음식'이라고 정의하는데, 이러한 디아스포라 음식이 주류 사회로 진입하는 과정에는 일정한 패턴이 있다고 설명한다. 처음에는 향수병을 달래는 이민자들이 방문하다가, 그다음에는 개방적인 취향을 가졌지만 경제적 여유가 없는 젊은 층이 찾는다. 그 후에는 입소문을 타고 서민층에게 확대되고 매스컴을 통해 중산층과 상류층까지 확장되며 대중적인 음식이 된다. 그렇게 변두리 이민자 동네의 음식은 시내 중심부로 진출하고, 변두리에 속했던 '그들만의 문화'는 새로운 트렌드로 자리매김하는 것이다.

이는 이민자들에게 허락된 직업의 영역이 극히 한정적이기 때문에 나타나는 현상이다. 이민자가 처음 사회에 진입하면 일부 전문직 종사자를 제외한 나머지는 대부분 일용직으로 생계를 이어 간다. 공사장에서 잡부로 일하거나 식당 종업원으로 일하는 것이 대표적이다. 이 과정에서 점차 한국 사회에 적응하고 돈을 모으면 일용직의 삶에서 벗어나 가게를 차린다. 그리고 이들은 자신이 가장 잘 아는 고향 요리를 창업 아이템으로 선정한다. 이렇게 새로운 식당이 개업하면 고향의 맛을 그리워하는 이민자들이 식당을 중심으로 모여들어 새로운 커뮤니티가 형성된다. 이러한 형태로 밀집 지역이 형성되고 새로운 이민자들이 그 커뮤니티에 진입하는 순환이 이루어지며 커뮤니티는 점차 확장된다.

이러한 현상은 해외 한인 사회에서도 확인된다. 해외 주요 도시의 코리아타운에는 한인이 운영하는 한식당들이 있다. 사실 코리아타운이라는 것 자체가 한국인이 모여 살면서 형성된 것이지만, 그곳이 '코리아타운'스럽게 보이는 이유는 곳곳에 보이는 한식당의 한국어 간판 때문이다. 한식당은 코리아타운의 한인들과 한국에서 온 여행객들의 향수를 달래 주는 역할을 한다.

그렇게 이민자 사회에서 자리를 잡았던 한식 사업은 이제 전 세계 음식 문화 흐름에서 꽤나 중요한 위치를 점하게 되었다. 한식을 판매하는 프랜차이즈 브랜드가 생겨나고 새로운 '디아스포라 음식'으로 자리 잡으면서 그곳을 찾는 현지인이 증가하는 추세다. 한국인 이민자들은 이렇게 미국 사회의 중심부로 진입하고 있다.

세계 속의 한국 음식 열풍과 대한민국의 마라탕 열풍이 다른 듯 닮은 이유도 이 때문이다. 이처럼 이민자들의 식당은 사회의 차별과 편견 속에서 새로운 삶을 개척하려는 이들의 안간힘을 고스란히 담고 있는 공간이다.

그들의 음식에서 모두의 음식으로

디아스포라 음식의 영향력은 비단 '그들'만의 음식 세계에 멈추지 않는다. 사람은 언제나 새롭고 자극적인 맛을 찾게 되고, 디아스포라 음식의 신선한 매력은 기존 토착 음식에도 영향을 미친다. 그래서 짜장면처럼 중국엔 없는 중국'식' 요리가 등장하기도 하고, 마라 떡볶이처럼 원래 존재하던 음식에 디아스포라의 맛이 더해지기도 한다.

지금은 문을 닫았지만 구로도서관 근처에 가족들과 자주 방문했던 식당이 있다. 재한 중국 동포 출신 사장님이 운영하는 식당이었는데 중국 음식이 아닌 한국 음식을 파는 밥집이었다. 제육볶음, 오징어볶음, 주꾸미볶음처럼 매콤한 요리들이 주요 메뉴였는데 도서관에서 공부하다가 스트레스를 받을 때면 종종 찾곤 했다.

그곳 요리의 매콤함은 다른 가게의 그것과 조금 달랐다. 평범한 한식집에서 느낄 수 있는 매콤함 이상의 무언가가 있었다. 그 맛에 익숙해진 다음에야 알게 되었다, 마라의 흔적이 담긴 매운맛이라는 사실을. 어쩌면 한국의 매운맛보다 마라의 매운맛을 선호하는 내 입맛에 더 맞았던 이유도 그 때문이었을지 모르겠다. 다른 곳에서는 맛볼 수 없었던 매운맛이 지금도 이따금 생각나곤 한다.

오늘도 나는 마라탕집에 간다. 바구니에 다양한 재료를 원하는 만큼 담아 계산대로 가져가면 직원이 조금 어색하고 어눌한 한국말로 '몇 단계예요?'라고 간결하게 묻는다. 이 가게는 나의 한 끼를 책임지는 곳이자 어느 이민자의 삶의 터전임이 새삼 느껴진다. 누군가 낯선 땅에서 새로운 삶을 시작하기 위해 최선을 다하고 있다는 생각에 가슴이 찡해지기도 한다. 아마도 마라탕이 얼얼한 이유는 그런 삶의 무게가 가득 담겨 있기 때문 아닐까.

일반적인 음식의 유행이 그러하듯, 마라탕이 본격적으로 유행하기 시작한 것도 사람들에게 잘 알려진 '힙한 동네'에서부터였을 것이다. 하지만 그 근본에는 구로동이 있다고 자신 있게 말하고 싶다. 우리나라 음식도 아닌 마당에 원조를 따지는 게 의미가 있을까 싶지만 그래도 마라탕 얼리어답터로서 마라탕 열풍의 본고장에 있다는 뿌듯함이 항상 마음 한편에 자리 잡고 있다.

마라탕 열풍의 원조, 구로동이 나를 마라의 세계로 이끌었듯이 여러분도 구로동을 찾는다면 마라탕과 사랑에 빠질 수 있으리라 생각한다. 마라를 좀 아는 사람이라면 구로동으로 마라 성지 순례를 권한다. 최고의 성지 순례는 원조를 찾아가는 것에서 시작하는 법이니까.

중국에 가지 않아도
본토 요리를 즐기는 방법

구로시장과 남구로시장

우리 가족이 가장 많이 찾는 전통 시장은 남구로시장이다. 고려대구로병원 정문에서 오른쪽 방향으로 계속 올라가면 '로마니나과자점'이라는 빵집이 위치하고 있는 골목을 만날 수 있는데 그곳이 바로 남구로시장이다.

우리 가족은 물론 동네에 사는 지인 대부분은 남구로시장이라는 정식 명칭 대신 '구로시장'이라고 부른다. 그곳마을버스 정류장의 이름마저 '구로시장'이었다. 적어도내가 초등학생이었을 때까지는 말이다. 그런데 어느 날

전통 시장 현대화 사업이 시작되면서 그곳에도 아케이드 형태의 반투명 지붕이 생기고 초입에 간판이 걸렸다. 그 간판에는 떡하니 '남구로시장'이라고 적혀 있었다.

여기가 남구로시장이라고? 굳이 따지면 구로동 중부에 가까운데? 엄연히 남구로역이 따로 있고 그 주변을 '남구로'라고 부르고 있는데? 이런 의아함에 불을 지핀 것은 '구로시장'이 따로 존재한다는 점이었다. 그것도 남구로시장에서 멀지 않으면서 더 남쪽인 남구로역 인근에 말이다.

내 추측이긴 하지만, 아마도 상인들에 의해 자생적으로 형성되었던 시장이 현대화 사업 같은 정부의 정책적인 수혜를 받는 과정에서 행정적으로 체계화될 필요성이 있었고 그 과정에서 구역을 명확히 하기 위해 어울리지 않는 명칭이 붙었으리라. 그리고 그곳은 여전히 나와 내 주변 사람들에게 남구로시장이라는 정식 명칭 대신 구로시장으로 불린다.

남구로시장의 가장 큰 특징은 중국어 간판이나 메뉴판, 중국 식재료의 비중이 상당하다는 것이다. 물론 재한 동포가 훨씬 더 밀집해 있어 중국어 간판이 절대 다수를 차지하는 구로시장에 비하면 그 수는 적지만, 다른 지역의 시장과 비교하면 월등히 높은 비중을 차지한다. 한국어만큼 중국어가 자주 들려오고, 한국어와 중국어를 자유자재로 혼용하는 대화 또한 심심찮게 들을 수 있다.

그러다 보니 한국의 여타 지역에서는 보기 드문 경험을 할 수 있다. 시장이라는 특성상 먹는 것과 관련해서는 더욱 그렇다. 나만 해도 어린 시절부터 그런 경험을 자주 해서 그런지 향신료는 물론 해외에서도 웬만한 음식을 가리지 않고 잘 먹게 되었다. 앞서 언급했던 마라탕 얼리어답터로서의 자질이 그 대표 사례라고 할 수 있겠다.

뿐만 아니라 지금도 남구로시장에 가면 종종 사 먹는 것이 있는데 바로 '요우티아오油条'라는 요리다. 보통 중국식 꽈배기라고 번역하는데 흔히 생각하는 꽈배기와는 거리가 멀다. 그저 반죽을 튀겨 부풀린 거라 단맛은 없고 최소한의 간과 밀가루 맛만 나는데, 중국에서는 이것을 주로 '또우장豆浆'이라는 콩국에 찍어 아침 식사로 먹는다고 한다.

나는 마라탕을 처음 접했던 가게에서 마라탕과 함께 요우티아오를 즐겨 먹곤 했다. 이제 그곳은 더 이상 마라탕을 판매하지 않지만 요우티아오는 여전히 팔고 있어 다행이다. 특히 가격이 한 줄에 2000원으로 저렴해서 훌륭한 간식이자 식사가 되어 준다.

그밖에도 남구로시장에서 경험한 음식 문화는 다채롭다. 흔히 마라탕 재료로 알고 있는 건두부 껍질인 '푸주腐竹'로 볶음을 만들어 먹기도 했고, 땅콩셀러리볶음이나 건두부무침 같은 중국식 밑반찬을 냉장고에 쟁여 두고 먹었던 기억도 있다. 그중에서 가장 뇌리에 강하게 박힌 것은 바로 닭집마다 걸려 있던 '오리포 떠 드립니다'라는 간판이다.

남구로시장에 오리포가 떴다

대부분의 전통 시장이 그러하듯 남구로시장에도 정육점과 별개로 닭고기와 달걀을 위주로 판매하는 소위 닭집들이 있다. 통으로 된 생닭을 팔거나 손님이 원하면 닭볶음탕을 해 먹을 수 있도록 토막을 내는 등 손질해 주기도 한다. 닭똥집이나 닭발 같은 부속도 판매한다.

토막 낸 닭에 두꺼운 튀김옷을 입히는 프라이드치킨과 달리 토막 내지 않고 얇은 튀김옷을 입히는 옛날 통닭도 주요 메뉴 중 하나다. 우리 가족은 매년 추석과 설날이면 남구로시장에서 제수용품을 구입하는 것이 나름의 루틴

인데, 어렸을 때는 장을 다 본 후 부모님이 닭집에서 사 주신 옛날 통닭을 먹는 게 큰 낙이었다. 설령 이미 식사를 마쳐서 배가 부르더라도 날개나 다리 튀김 한 조각 사 먹으면 통닭에 대한 아쉬움을 달랠 수 있었다.

닭집에서는 닭고기뿐 아니라 오리고기도 판매한다. 그 수는 생닭만큼 많지는 않지만 크기는 닭보다 월등히 컸다. 생오리, 훈제 오리는 물론 가게 안쪽 냉장고에는 다른 오리 제품들도 준비되어 있다는 안내문이 붙어 있다. 그리고 안내문들 중 유독 눈에 띄는 것이 바로 '오리포 떠 드립니다'라는 간판이다. 한두 군데가 아니었다. 어느 닭집이든 십중팔구 그런 간판이 걸려 있었다.

그 간판을 처음 봤을 때 신기했던 점은 크게 두 가지였는데, 우선 오리고기의 포를 뜬다는 행위 자체였다. 그전까지 내가 생각하는 '포'는 동태전을 부치기 위해 동태포를 뜨거나 회를 뜨는 것처럼 해산물이 전부였다. 우리 가족이 더 가까운 대형 마트 대신 굳이 남구로시장을 찾아 제수용품을 구입하는 것도 생선 가게에서 즉석에서 떠 주는 동태포의 질이 훨씬 좋았기 때문이다. 그만큼 해산물 '포'를 뜨는 것은 익숙하지만 고기 '포'를 뜨는 것은 너무도 낯설었다. 해산물은 포를 뜨면 회로 먹거나 전을 부치는

데 고기는 포를 떠서 뭘 해 먹는 건가 싶었다.

또 한 가지는 이처럼 낯선 오리고기 포를 찾는 사람이 상당하지 않을까 하는 점이었다. 실제로 얼마나 많은 사람이 구입하는지는 정확히 알 수 없다. 그러나 한두 집도 아니고 대부분이 그런 간판을 걸어 둔 걸 보면 오리포를 찾는 사람이 적지 않은 것이리라. 많은 손님이 "오리포 떠 주시나요?"라고 묻거나 요청했기 때문에 그렇게나 많은 간판이 걸린 것 아닐까.

처음에는 차례상에 오리고기를 올리는 지역의 사람들이 요청했을 거라고 짐작했다. 우리 집은 아니지만 차례상에 닭 한 마리를 통째로 올리는 지역도 있으니, 닭보다 더 귀한 오리를 올리는 것도 충분히 그럴 듯한 추측이라고 생각했다. 차례상에 상어나 문어를 올리는 지역이 있다는 사실을 알게 된 후에는 내가 모르는 특정 지역의 명절 풍습일 거라는 생각이 더 강해졌다.

하지만 지역적인 차이가 있을 거라고 결론 짓기에는 뭔가 석연치 않았다. 서울이나 경기 지역에서 차례상에 오리고기를 올린다는 이야기는 들어 본 적이 없다. 특정 지역의 풍습이라기에는 오리포를 떠 주는 집이 너무 많았다. 오리고기를 올리는 차례상 이야기를 들어 본 적 없는 걸 보면, 설령 그런 지역이 있다고 해도 매우 한정적이거나 그 수가 많지 않다는 뜻인데 그런 것치고는 간판 수가 너무 많았다.

분명 내가 모르는 어떤 이유가 있을 거라고 생각했다. 다른 식구들도 궁금한 눈치였다. 그렇게 궁금한 채로 몇 해를 보내다가 결국 우리 가족은 참지 못하고 닭집에 알아보기로 했다. 우리는 닭튀김이 완성되기를 기다리면서 사장님께 물었다. 대체 저 오리포는 어디에 쓰는 거냐고.

사장님의 답변은 정말 의외였는데, 중국인들이 많이 구입한다는 것이었다. 특히 중국의 설날인 춘절에 잘 나가고, 그때가 아니더라도 잔칫상에 오리고기가 샤부샤부, 훠궈, 로스 구이 같은 요리로 올라간다고 했다.

중국인들의 오리 사랑은 유명하다. '베이징덕'이라고 불리는 북경식 오리 구이 '베이징 카오야北京烤鸭'는 잔치나 보양이 필요할 때 먹는 음식인데 중국을 찾는 우리나라 관광객의 필수 메뉴이기도 하다. 중국의 소수 민족 중 하나인 '장족'의 명절인 '귀절'은 1년 중 오리고기가 가장 많이 팔리는 날이라고 알려져 있고, 남쪽 지방인 장쑤성에서는 우리나라의 추석과도 같은 중추절에 소금물에 절인 오리고기인 '옌쉐이야盐水鸭'를 먹는 전통이 있다고 한다. 지역

184

에 따라 차이는 있겠지만 중국에서는 오리고기를 많이 먹고 그만큼 중요한 음식이라는 사실을 짐작할 수 있다.

그런 배경의 사람들이 이주해 정착한 곳에 형성된 시장이니, 남구로시장에서 오리고기를 찾는 사람이 많을 수밖에 없었던 것이리라. 그리고 수요가 있으면 공급이 생겨난다는 시장 질서의 오랜 불문율처럼 '요리포 떠 드립니다'라는 간판이 남구로시장 곳곳에 자리 잡고 있는 것이다.

혜택이 많을까, 차별이 많을까

이 간판의 의미를 알고 나니 시장을 오가는 재한 동포들이 조금 다르게 보이기 시작했다. 그전까지 나에게 구로동 재한 동포의 이미지는, 혈혈단신으로 머나먼 이국땅에서 노동하며 번 돈을 고향인 중국으로 송금하는 이주 노동자의 모습이었다. 그래서 이들도 명절이 되면 한국이 아닌 자기 고향에서 명절을 쇨 것이라고 생각했다. 서울로 상경한 지방 사람들이 명절이면 고향으로 가는 것처럼 말이다.

185

하지만 그들은 이곳에 머무르다가 언젠가 고국으로 돌아갈 꿈을 꾸는 이민자가 아니라, 서울 구로동에 정착해 새로운 터전을 마련한 사람들이었다. 누군가는 자신이 태어난 나라보다 이곳에서 더 오랜 시간을 살았을 것이고, 또 다른 누군가는 부모나 조부모가 다른 나라 출신일 뿐 자신은 구로동에서 태어나고 자랐을지 모른다.

그래서 누군가에게는 지금 살고 있는 구로동 집이 '큰집'이자 '본가'일 것이고, 명절처럼 중요한 날이면 남구로시장에서 오리고기 포를 떠서 가족들과 함께 먹는 것이리라. 서울로 상경한 사람이 다시 고향에 내려가지 않고, 서울을 터전으로 삼아 가정을 꾸리고 새로운 세대가 탄생하는 것처럼 말이다. 국경의 유무만 제외하면 이들의 이동과 정착은 크게 다르지 않다.

다른 국가에서 이주한 이들이 정착하고 새로운 가정을 꾸리는 것에 대해 우려를 표하는 사람들도 있다. 중국인이 한국인보다 더 많아지는 것에 대한 걱정도 있겠지만, 무엇보다 그 기저에 깔린 큰 불안 중 하나는 자국민이 낸 세금으로 외국인들이 더 많은 혜택을 누리지 않을까 하는 것이리라.

실제로 2020년 총선을 앞두고 인터넷 커뮤니티에서는

'조선족이 받는 40가지 혜택'이라는 게시물이 화제가 되기도 했다. 의무는 없이 권리만 행사하려 한다는 혐오 시선에서 비롯된 게시물이었다. 교육에서 각종 다문화 전형의 이점을 누리거나 의료와 경제 지원을 받는 등 세금으로 운영되는 혜택을 차지함으로써 자국민의 권리를 박탈한다는 것이다.

하지만 세법의 구조를 면밀히 살펴보면 이러한 불안은 가짜 뉴스에서 비롯된 것임을 확인할 수 있다. 소득세법의 경우, 납세 기준은 국적이 아니라 '거주 여부'다. 즉, 산출 방식은 자국민과 조금 다르지만 한국 국적이 아니더라도 한국에서 일정 기간(1년 중 183일) 거주하면서 소득을 거두었다면 소득세를 징수한다. 반대로 한국 국적이더라도 한국에서 발생하지 않은 소득에 대해서는 세금을 징수하지 않는다는 뜻이다. 4대 보험 또한 그 사람의 국적이 아닌 자신이 속한 사업장의 소재지가 더 중요하다. 즉, 그들은 한국 국적의 시민들처럼 자신이 납부한 세금과 보험료로 혜택을 받고 있을 뿐이니 부당한 이득을 얻고 있다는 주장엔 다소 무리가 있다.

지금 우리에게 필요한 것은 이들을 동료 시민이자 이웃으로 인정하고 받아들이는 태도다. 우리가 명절 때 고향을 찾거나 큰집에 모여 함께 전을 부치고 음식을 만들어 먹듯, 그들도 어딘가에 모여 오리고기 포를 요리해 먹으며 명절을 보내는 사람들이다. 언젠가 떠날, 혹은 이곳에서 떠나야 할 사람이 아니라 같은 터전에서 생활하고 성장하는 사람이라고 생각한다면 서로를 더 반갑게 환대하며 살아갈 수 있지 않을까?

오리고기 포의 활용법을 알고 난 뒤 언젠가는 남구로시장 닭집에서 오리고기 포를 떠 가겠다고 다짐했다. 솔직히 말하면 그 후로 몇 년이 지난 지금까지 시도하지 못했다. 오리고기를 먹을 일이 없고, 정확한 조리법도 모르고, 그 요리가 내 입에 맞을지도 알 수 없기 때문이다.

어쩌면 우리 가족이 오리고기 요리를 해 먹는 것보다 명절 때면 오리고기 포를 챙겨 먹는 재한 동포가 우리 이웃이 되는 날이 더 빨리 찾아올지도 모르겠다. 한편으로 그런 날이 찾아오기를 기다리고 있다. 오스트리아의 사회학자 라우라 비스뵈크는 《내 안의 차별주의자》에서, 불안을 극복하는 최고의 방법은 불안의 원인을 제공한 그 상황으로 직접 들어가 대면하는 것이라 말한다. 이주민과의 접촉을 늘리는 간단한 조처만으로도 그들에 대한 불안을 긍정적으로 변화시킬 수 있다는 사회 심리학 연구가 이

주장을 뒷받침한다. 다시 말해 이방인에 대한 적대감이 가장 심한 사람들은 그들을 미디어로만 접하는 이들이며, 이방인들과의 접점이 늘어나면 불안과 적대감도 사그라든다는 것이다. 옆집에 사는 사람이 누구인지 몰라도 편하고 가벼운 마음으로 일상적인 인사를 건넬 수 있는 것처럼, 그들에 대한 두려움과 불안을 잠시 내려놓고 편안한 마음으로 다가갈 수 있기를 바란다. 한 사람 한 사람의 변화가 모여 언젠가는 우리 사회에 내재된 적대감을 다정한 환대로 바꿔 놓을 것이라 믿는다.

미국에서 나고 자란 이민자에게 출신지를 물으면 "○○주 출신"이라고 답할 것이다. 이때 "네 '진짜' 출신이 어디야? 너희 부모님이 태어난 곳 말이야"라고 묻는 것은 인종 차별의 소지가 있는 무례한 질문이다. 태어나서 한 번도 가 보지 못한 곳을 다른 사람이 멋대로 고향이라고 재단해 버리는 태도인 것이다. 우리도 한국에서 나고 자라서 한국이 고향이자 본가인 이들에게 '진짜 출신지'를 묻거나 '네 고향으로 돌아가라'고 말하기보다는 삶의 터전을 공유하는 이웃으로 맞이할 수 있기를 바란다.

Blood Sibling,
피를 나눈 것처럼 연대하기

1년에 서너 번은 헌혈을 하려고 노력한다. 헌혈에 참여하면 제공되는 상품권에 관심이 없는 건 아니다. 이 상품권으로 책을 사야겠다는 세속적인 마음으로 헌혈에 임하기도 한다. 그렇지만 꼭 경제적인 이유만으로 헌혈을 결심하는 건 아니다. 비록 간이 검사긴 하지만 헌혈에 앞서 받는 혈액 검사 결과가 나름 건강 관리 지표가 되어 주고, 언젠가 내가 위험에 빠졌을 때 혈액을 제공받을 수 있을 거라는 보험 차원이기도 하다. 하지만 헌혈만큼 다른 이들에게 선한 영향력을 끼칠 수 있는 확실한 행위도 없다는 것이 가장 큰 동기가 아닐까 생각한다.

주로 찾는 곳은 구로디지털단지역 바로 앞에 있는 헌혈의 집이다. 집에서 가장 가까운 헌혈의 집이기도 하고, 퇴근 시간 이후와 주말에도 운영하기 때문에 언제든 부담 없이 갈 수 있다. 뿐만 아니라 예전에는 역 앞에 위치한 임시 시설이었는데, 얼마 전에 맞은편 건물로 이전하면서 더 깔끔한 시설이 되었다는 점도 큰 매력이다.

구로디지털단지의 헌혈의 집은 남구로와 대림처럼 소위 중국인 밀집 지역에서도 아주 가깝다. 그래서인지 그곳을 찾을 때면 중국어를 심심찮게 들을 수 있고 한 명 이상의 중국인 헌혈자와 꼭 마주치게 된다. 시설 곳곳에 부착된 안내문에도 한글과 중국어가 함께 적혀 있다. 중국인 헌혈자가 가장 많이 찾는 시설 중 하나이지 않을까 조심스레 예측해 본다.

그만큼 중국인을 만나는 것 자체가 어렵지 않은 곳이다 보니 중국인 헌혈자라고 해도 인상 깊지 않다. 그럼에도 불구하고 아주 강렬하게 뇌리에 박힌 장면이 하나 있다.

어느 2월 초, 추위가 좀 누그러졌지만 여전히 칼바람이 부는 날씨였다. 나는 구로디지털단지 근처에 있는 한 컴퓨터 학원에서 자격증 시험을 치렀다. 학원 문을 나서면서 시험에 불합격할지도 모르겠다는 예감에 휩싸였다. 가채점을 해 보았더니 부분 점수에 따라 아슬아슬하게 당락이 갈릴 운명이었다. 이대로 자격증 시험에 떨어진다면 그날의 외출은 무의미한 시간이 될 터였다. 그래서 어떻게든 유의미한 시간으로 바꾸어 보고자 근처에 있던 헌혈의 집으로 향했다.

여느 때처럼 헌혈 중이었는데 헌혈실 밖 로비에서 약간의 소란이 일었다. 싸움이나 언쟁 같지는 않았고 누군가 억울한 듯 애원하는 목소리가 났다. 중국어라 정확한 상황을 이해할 순 없었지만 헌혈자와 직원 간의 대화 소리가 점점 커지더니 헌혈실 안까지 선명하게 들려왔다.

그 대화는 헌혈을 마칠 때까지 계속되었고 나는 잠시 로비에 앉아 그들의 대화를 지켜보았다. 한국어가 어눌한 헌혈자와 중국어를 하지 못하는 직원의 대화는 각종 보디랭귀지와 모바일 번역 어플의 도움으로 간신히 이어지고 있었다. 기나긴 대화 끝에 결국 그 사람은 헌혈을 하지 못하고 허무한 표정으로 헌혈의 집을 나섰다. 직원은 연신 미안한 표정을 지으며 그를 배웅했다.

상황은 이러했다. 헌혈자는 자신과 함께 일하는 중국인

동료가 수술을 앞두고 혈액이 필요해서 그를 위해 지정 헌혈을 하고 싶었다. 하지만 '지정 헌혈'이니 '혈액형'이니 어려운 단어를 부족한 한국어 실력으로 설명하려다 보니 대화가 길어진 것이다. 문제는 그뿐 아니었다. 직원은 본인 확인을 위해 주민등록증이나 외국인등록증을 요구했는데 그는 가지고 있지 않았다. 등록이 되지 않은 외국인인지, 단순히 등록증을 집에 두고 온 것인지는 모르겠지만 직원은 본인 확인이 안 되면 헌혈 참여가 불가능하다고 안내했다. 동료를 걱정하는 그는 어떻게든 헌혈을 하고 싶었고 그렇게 그들의 대화가 길어진 것이다.

그런 상황을 보자니 마음 한편이 무거웠다. 자신의 동료를 위해 헌혈을 결심한 헌혈자나 그의 헌혈을 돕기 위해 최대한 방법을 찾으려 노력한 직원 모두 누군가의 생명을 구하려고 최선을 다한 것이라 생각하니 안타까운 마음이 들었다. 신분증 확인은 가장 큰 장애물이 되었지만 최악의 상황을 대비해 반드시 필요한 절차이니만큼 시스템 탓을 할 수도 없어 더욱 안타까웠다. 헌혈을 하지 못한 그의 친구 걱정은 더 깊어졌을 것이고, 그런 그를 돕지 못한 직원의 마음 또한 편치 않았으리라.

그 모습을 보고 있자니 문득 이런 의문이 들었다. 대체

무엇이 그로 하여금 말도 제대로 통하지 않는 이 땅에서 헌혈을 결심하도록 만들었을까? 물론 동료가 위급한 상황에 처한 것이 이타적 행위의 결정적인 계기가 되었겠지만, 그렇다고 해도 타국에서 헌혈처럼 두려움이 따르는 행위를 한다는 것은 생각처럼 쉽지 않다. 외국살이를 하면 고향에서보다 몸을 사리기 마련인데, 자국에서도 결심하기 쉽지 않은 헌혈을 타국에서 실천하기란 더욱 어려웠을 것이다. 그럼에도 불구하고 무엇이 그를 헌혈의 집으로 발걸음하게 만들었을까?

위기에 더 단단해지는 공동체

사회학자인 이철승 교수는 저서 《쌀 재난 국가》에서 서구로 대표되는 밀 문화권과 동아시아로 대표되는 쌀 문화권의 공동체가 각각 위기에 대처하는 방식을 유학생들의 이삿날 풍경의 차이로 설명한다. 대학 내에서 누군가 이사할 때, 서구 학생들과 달리 동아시아 유학생들은 같은 나라 출신들끼리 형성된 커뮤니티가 나서서 이사를 도와준다. 이때 도와준 이들에게 경제적 대가를 지불하는 경우는 거의 없고, 식사를 대접하거나 다른 사람이 이사할 때 도움을 줌으로써 은혜를 갚는다. 우리가 익히 알고 있는 '품앗이' 개념인데, 우리에게 너무도 익숙한 이 행위가 서구 사람들에겐 아주 낯선 풍경이라고 그는 설명한다.

물론 이는 이사를 부탁하는 선배와 이를 받아들일 수밖에 없는 후배의 차이, 대학 커뮤니티 내부에 존재하는 위계에 대한 설명이기도 하다. 하지만 한편으로 어떤 재난에 대처할 때 협력을 중요하게 생각하는 동아시아 문화권의 속성을 잘 보여 주는 사례다. 그의 설명에 따르면, 밀농사에 비해 물을 많이 사용하는 쌀농사는 태풍이나 가뭄 같은 자연재해에 훨씬 취약했기 때문에 힘을 합쳐 재난에 대응하는 것이 중요했다. 그렇게 우리는 '집단주의'라 불리는 동아시아의 공동체 속에서 서로의 생활에 밀접하게 간섭하며 함께 책임을 지는 형태로 훈련받고 성장해 왔다는 것이다.

게다가 쌀농사는 밀농사에 비해 훨씬 많은 노동력을 필요로 한다. 밀농사는 가족끼리의 노동으로도 수확이 가능하지만 쌀농사는 그렇지 않다. 우리에게 익숙한 품앗이나 두레처럼 노동력을 나누는 문화도 여기서 비롯되었다.

이러한 공동체를 통해 쌀농사 지역의 마을은 단순한 마을 이상의 의미를 지닌다. 혈연으로 연결되어 있지 않아도 가족과 다름없는, 확장된 씨족 사회로 인식된다. 같이 일하는 동료의 개념도 남다르다. 동료의 위급한 상황을 보고 낯선 땅에서 헌혈하겠다고 결심한 것은 이런 본능에서 비롯되었는지도 모르겠다.

영어에는 'Blood Brother'[*] 라는 단어가 있다. 직역하면 '피를 나눈 형제'쯤 되는 표현인데 얼핏 피가 섞인 친형제를 의미하는 것처럼 보인다. '피는 물보다 진하다'라는 오랜 격언이 익숙한 한국인의 시각에서는 더욱 그럴 것이다. 그래도 남보다 핏줄이 낫다는 말을 반영한 표현처럼 느껴진다.

하지만 이 단어의 뜻은 정반대다. 'Blood Brother'는 의형제, 즉 혈연은 아니지만 그 이상으로 친밀한 관계를 뜻하는 말이다. 혈연도 아닌데 피Blood라는 말을 쓰다니 참 아이러니한 표현이다. 과거 서구에서는 의형제를 맺을 때 피를 흘리는 의식이 있었는데 거기서 유래된 말이라고 한다. 혈연은 아니지만 서로의 피를 나눈 '혈맹'의 관계와 가

---

* 이 장의 제목에서는 남자 형제를 뜻하는 'Brother' 대신 성별과 무관하게 모두를 포괄할 수 있는 'Sibling'을 사용했다.

깝다고 할 수 있겠다.

'Blood Brother'라는 단어는 헌혈의 집에서 만난 이주 노동자와 얼굴 한번 본 적 없는 그의 동료를 떠올리게 한다. 나의 피로 동료를 살리겠다는 의지, 내가 위급할 때면 다른 동료들이 나를 위해 기꺼이 피를 내줄 것이라는 믿음. 이러한 마음이 위기 속에서도 그들의 커뮤니티를 단단하게 유지해 주는 것 아닐까. 그리고 그 커뮤니티가 이국땅에서의 고된 노동과 외로움을 이겨 내는 원동력이 되는 것이리라.

헌혈의 집에서의 기억이 지금까지 남아 있는 이유는 아마 그들의 모습에서 머나먼 이국의 한국인 노동자들, 나아가 세상의 모든 외국인 노동자들의 모습을 보았기 때문일지 모른다. 피를 나눈 것에 준하는 끈끈한 연대감으로 연결된 그들의 커뮤니티는 이국에서의 외로움과 곤경을 넘어서는 중요한 자원이리라. 물론 한국의 공동체적 문화에서 벗어나고 싶어서 해외를 택한 이들에게는 오히려 그러한 공동체 문화가 심리적 피로감을 더하기도 한다. 그럼에도 타국살이를 힘들어하는 외국인 노동자들이 하루하루를 살아갈 수 있는 것은 그런 끈끈한 마음과 신뢰 때문이 아닐까.

헌혈처럼 위급한 이의 생명을 구하는 행위가 의료 현장에서 일상적으로 일어난다는 점을 떠올리면, 피를 나누어 위기를 극복하는 것이 꼭 같은 공동체 내부에서만 벌어지는 일은 아닌 것 같다. 헌혈이라는 행위는 '헌혈증'이라는 증서로 전환되고, 다시 그 증서가 시스템을 통해 또다른 헌혈자의 피로 전환되어 타인의 몸속으로 들어간다. 헌혈이라는 시스템을 통해 우리는 전혀 접점이 없는 이들과도 '피를 나누는' 경험을 하게 된다. 이제 피를 나눈다는 표현은 단순히 혈연관계에만 국한되는 게 아니라는 의미다.

헌혈을 통해 뽑아낸 혈액은 국적, 인종이나 출신 지역에 상관없이 오로지 혈액형에 따라 분류된다. 그렇게 나누어진 혈액들은 전국의 병원에서 누군가의 생명을 구하는 데 활용된다. 누구의 혈액이 누구의 혈관을 타고 흐를지도 알 수 없다. 이는 의학적 결정과 프로토콜에 따른 것일 뿐, 헌혈자와 수혈자의 개인적 속성과는 무관하다. 내가 제공한 혈액이 나와 전혀 무관한 누군가의 혈관 속을 흐르고 있다고 생각하면, 우리 사회 구성원들이 점점 더 복잡하고 강력하게 얽혀 간다는 사실을 새삼 깨닫게 된다.

이런 사회에서 '순수한 한국인'이나 '단일 민족'이라는 신화는 참으로 무의미해 보인다. 또 '다른 피'를 가졌거나 '피가 섞였다'는 이유로 누군가를 '혼혈'이라 규정하고 경계하거나 밀어내는 것도 마찬가지다. 피의 '순수성'을 논하기에 우리는 이미 너무 많이 얽혀 있고 하나의 운명 공동체로 거듭나고 있다. 어쩌면 우리는 국적을 뛰어넘어 서로가 서로의 'Blood Sibling'이 되어 가는 중인지도 모른다.

K-콘텐츠가 주입하는
일그러진 구로동

구로동은 정말 범죄 도시일까?

한국의 콘텐츠가 세계 중심에 서고 있다. 이전부터 새로운 물결을 만들어 왔던 한국 콘텐츠들은 넷플릭스를 비롯한 글로벌 OTT 플랫폼의 영향력에 힘입어 나날이 성장하고 있고, 또 유수의 영화제와 평단들의 인정을 받고 있다. 이러한 사실을 증명하듯 글로벌 OTT에서 공개되는 한국 작품들은 시청 순위 상위권을 차지하며 영향력과 파급력을 뽐낸다.

　윤종빈 감독이 연출한 넷플릭스 오리지널 시리즈 〈수리

남〉은 화제성과 흥행 모두에서 큰 성공을 거두었는데, 화려한 캐스팅과 한국에서 쉬이 다뤄지지 않았던 마약을 소재로 한 도전 정신이 돋보였다. 물론 할리우드 마약 범죄 영화들의 특징을 그대로 가져와 차별성이 떨어진다는 비판도 있지만 그럼에도 불구하고 흥행 면에서의 성과를 부정할 수는 없다.

하지만 〈수리남〉에 대한 비판이 단순히 차별성의 부족에서 비롯된 것만은 아니다. 이 작품은 남아메리카에 실존하는 나라 '수리남'을 배경으로 하고 있으며 제목도 국가명 그대로다. 그런데 작중에서 해당 국가를 마약의 온상으로 묘사하고 국민 대다수가 마약과 연관되어 있다는 대사가 포함되어 있다. 수리남의 외교·국제사업·국제협력부 장관은 드라마에서 그려진 마약 거래 같은 이미지가 수리남에는 더 이상 존재하지 않는다며 비판 성명을 냈다. 또 표현의 자유를 넘어선 제작사에 법적 조치를 하고, 한국 정부에도 항의 표시를 전달하겠다고 밝혔다.

이에 대해 어느 정도 예견된 일이라는 시각도 있다. 수리남이라는 국가를 과도하게 선정적이고 악하게 다뤘기

- 서유미, 〈넷플릭스 '수리남'에 뿔난 수리남 "마약국가 조장"… 교민 안전 우려〉, 《서울신문》, 2022년 9월 16일.

때문이다. 굳이 수리남이 아닌 가상의 국가로 설정했어도 서사를 전개하는 데 무리가 없었을 텐데 실존 국가명을 그대로 활용한 것은 너무 미숙한 선택이 아니었냐는 비판이 존재한다. 또 경제 규모가 크지 않고 한국과의 교역 비중이 높지 않더라도 자극적인 범죄 영화의 무대 배경으로 삼아 소비하는 것은 수리남에 대한 외교적인 결례일 뿐 아니라 실질적인 피해로 이어질 수도 있다는 문제 제기는 타당해 보인다. 과연 수리남이 선진국이었다면 이런 선택을 했을지 의문이 든다.

이처럼 한 콘텐츠가 특정 지역과 국적의 사람들을 자극적이고 부정적으로 묘사하는 경우는 새롭지 않다. 대표적인 사례가 바로 구로동이다. 재한 중국 동포 밀집 지역인 이곳이 영화에 등장할 때면 십중팔구는 범죄 서사의 어두움을 부각하는 배경으로 활용된다. 초능력자 못지않은 괴력을 자랑하는 형사가 재한 동포 범죄 조직과 맞서 싸우는 이야기를 담은 〈범죄도시〉, 두 명의 경찰대생이 우연히 재한 동포들의 범죄에 휘말리면서 벌어지는 일을 그린 〈청년경찰〉이 대표적이다.

두 작품 모두 흥행에 성공하며 대중의 주목을 받았는데, 영화에서 그려진 구로동은 마치 범죄의 소굴 같다. 그곳에 사는 사람들의 삶이나 일상에 대한 이미지는 온데간 데없고 그저 모든 순간이 범죄 서사를 위한 복선이나 장치로 활용될 뿐이다. 그곳에서 삶을 영위하던 이들은 영화가 그려 낸 이미지로 인해 범죄의 온상에 사는 사람이 되어 버렸고, 구로동에 덧씌워진 이미지에 대한 반발을 표하는 여러 움직임이 일어나기도 했다.

뿐만 아니라 이 영화에서 재한 동포는 구로동을 범죄의 소굴로 만들어 버린 주범 같은 존재로 묘사된다. 북부 지역의 사투리를 닮은 어눌한 한국말을 사용하며 인간성이라곤 없는 잔혹한 이들은 표준어를 구사하는 정의로운 형사들과 대립한다. 선善의 흔적조차 남지 않은 범죄자와 사회 정의를 실현하는 형사의 이분법 속에서 재한 동포는 혐오의 대상으로 전락한다. 한국에서 범죄를 일으키는 악의 무리이자 사회의 불안감을 조성하는, 그래서 사회에서 사라져야 하는 존재라는 꼬리표를 달고 끊임없이 차별과 혐오의 언어에 시달린다.

이들 영화가 만들어 낸 범죄 이미지가 사실과 부합하지 않는다는 점도 논의할 지점이다. 한국형사·법무정책연구원에 따르면, 인구 10만 명당 범죄자 검거 인원은 외국인이 내국인의 절반에 불과했다. 또 구로구를 비롯해 영등포구, 시흥시, 안산시 단원구 등 외국인 주민이 5만 명 이상, 전체 인구의 10퍼센트 이상을 차지하는 '외국인 밀집 지역'의 경우 타 지역보다 외국인이 검거되는 비율은 높았다. 하지만 해당 지역들은 유흥업소가 밀집되어 있는 등 다른 환경적 요인 때문에 내국인의 범죄 검거 비율도 타 지역보다 높게 나타났다. 무엇보다 그 원인에 대해 해석의 여지가 많아 논쟁이 분분하다 보니 추가 연구와 통계가 필요한 상황이다.

전문가들도 외국인 주민의 수와 범죄율의 관계를 밝혀내지 못했고, 주민들의 입장도 제각기 다른 상황에서 창작자들이 그 불확실함을 혐오 시선으로 파고드는 것은 상당히 위험한 선택이다. 콘텐츠의 재미를 위해 사실과는 다른 부정적 이미지를 굳이 활용했어야 했냐는 비판을 피하기는 어려워 보인다.

• 임주현, 박나리, 〈외국인이 내국인보다 범죄를 많이 저지를까? [팩트체크K]〉, KBS, 2023년 6월 19일.

이러한 비판에도 불구하고 영화 제작진은 사과를 하거나 관련된 해명을 하지 않았다. 결국 영화사를 상대로 재한 중국 동포들의 집단 소송이 이어졌고, 법원이 화해 권고를 내리고 나서야 비로소 공식적인 사죄가 이루어졌다. 누군가는 이러한 비판을 두고 오히려 "영화는 영화로 보면 되지, 뭘 그리 불편해하나"라거나 "정치적 올바름을 외치는 PC주의가 작품성을 망친다"며 옹호하기도 한다. 창작자에게는 엄연히 표현의 자유가 있는데 이런 비판은 창작자의 자유를 해치고 작품성을 저해하는 것이라고 말이다. 이러한 주장은 재한 동포에 대한 재현 문제에 국한된 것이 아니다. 사회적 소수자에 대한 편견을 비판할 때 언제나 대두되는 주장 중 하나다. 하지만 여기서 중요한 사실은, 영화라는 창작물을 사법 절차의 대상으로 만든 원인의 제공자가 소송을 제기한 재한 동포들이 아니라 차별과 혐오의 시선으로 영화를 만든 제작사라는 점이다.

이것은 표현의 자유 못지않게 중요한, 어쩌면 그보다 더 선행하는 존엄에 대한 이야기다. 애초에 표현의 자유라는 가치 자체가 사회 구성원들의 존엄을 지키기 위한 것인데 이를 혐오와 차별의 명분으로 제시하는 것은 무리가 있다. 영화 제작이나 관람은 누군가에겐 재미의 수단일 수 있다. 하지만 단순히 영화적 재미라는 근시안적 관점으로 만들어 낸 영화 이미지 하나하나는 영화 바깥의 더 넓은 세계에 존재하는 삶에 중대한 영향을 미친다. 단기적으로는 구로동에 대한 부정적인 이미지로 인해 장사가 어려워진 상인들부터, 장기적으로는 구로동과 재한 중국 동포를 둘러싼 혐오로 인해 치러야 할 사회적 비용까지. 창작자가 재한 중국 동포는 물론이고 현실의 어떤 대상을 다룰 때 신중하게 고민하며 공을 들여야 하는 이유다.

특히 이것은 콘텐츠의 파급력이 점점 확장됨에 따라 고민해야 하는 책임이기도 하다. 코로나로 인해 다소 주춤하긴 했지만 한국영화가 500만, 1000만 관객을 달성하는 사례도 많아지고 세계적으로도 상당한 영향력을 미친다. 그만큼 더 많은 이에게 콘텐츠가 전달되고 그 속의 이야기와 이미지도 함께 전파된다. 파급 효과가 커진 만큼 콘텐츠가 담고 있는 메시지에 더더욱 주의를 기울여야 한다. 사회적으로 더 큰 사랑을 받고 영향력을 가진 이들에게 높은 도덕적 책임을 요구하는 것처럼, 대중적으로 홍행한 콘텐츠는 자신의 힘을 선한 영향력을 만드는 데 써야 한다.

홍세화 작가는 저서《미안함에 대하여》에서 강자의 폭력이 구조적이고 일상적이라면 약자의 폭력은 삽화적이고 선정적이기에 더 쉽게 표면으로 드러난다고 주장했다. 이런 주장은 영화가 이민자를 다루는 태도에도 동일하게 적용된다. 영화는 재한 동포의 폭력적인 모습을 통해 관객에게 불안을 심어 준다. 이 불안은 영화 속 장면에서 비롯된 막연한 두려움이다. 그러나 영화가 만들어 내는 사회 전반의 혐오 시선은 재한 동포들의 일상을 침투하는, 실재하는 공포다. 극적 요소나 표현의 자유 같은 말로 포장할 수 없는, 창작자들의 생각보다도 훨씬 더 구체적이고 직접적인 폭력인 것이다. 이런 이유로 창작자는 자신의 창작물이 세상에 어떤 영향력을 미칠지 생각해야 한다.

뿐만 아니라 이들 콘텐츠가 자극하는 불안에 대한 사회 구조적인 문제와 해결책은 고민하지 않고, 치안과 안전 문제를 개인적 차원으로 치부해 버리기도 한다. 앞서 언급한 영화들은 범죄의 원인을 한 인물의 악함에서만 찾고, 해결책 또한 시스템의 문제는 고찰하지 않은 채 출중한 기량의 해결사에게만 기댄다. 이러한 이분법은 '악한 사람이 사라지고 유능한 형사 한 명만 있으면 모든 범죄가 해결될 것'이라는 불가능한 환상을 심어 준다.

하지만 현실의 문제는 그렇게 녹록치 않다. 우리 사회에 범죄가 계속되는 이유는 악한 사람이 너무 많아서도, 유능한 형사가 부족해서도 아니다. 모든 문제는 복합적인 결합에서 비롯되는 것이다. 아무리 유능한 형사가 많아도, 선한 사람만 모여 사는 곳이라도 시스템이 작동하지 않으면 범죄 없는 사회는 허상일 뿐이다. 유능한 형사가 신분이나 경제적인 어려움 없이 자기 기량을 발휘하고, 공동체의 구성원들이 서로를 믿을 수 있는 시스템이 갖추어졌을 때 비로소 우리 곁의 문제들은 조금씩 실마리를 찾아갈 수 있을 것이다.

재한 중국 동포에게 덧씌워진 범죄 집단 이미지만 해도 그렇다. 물론 누군가는 분명 불안감을 느낄 수 있다. 불안과 공포는 인간의 자연스러운 감정이니까. 하지만 미디어와 사회, 나아가 시스템의 역할은 이 불안과 공포의 기저에 깔린 원인을 파악하고 근본적인 해결책을 찾는 것이다. 그러나 앞서 언급한 영화들은 이러한 담론 형성의 기능은 미뤄 둔 채 누군가를 악역으로 만들어 버리는 것에 그친다. 해결책을 찾지 못한 불안은 나날이 시민들을 잠식하고, 결국 공포에 떠는 시민들은 재한 동포에 대한 혐오의 시선을 내재화하게 된다.

편 가르기는 세상을 바꾸지 못한다

난민 관련 기획 기사로 국제엠네스티 언론상을 수상한 이재호 기자는 저서 《낯선 이웃》에서 우리가 불평등한 사회 구조 속에 살고 있기 때문에 혐오의 말에 더 잘 휘둘린다고 말한다. 혐오의 말은 끊임없이 정상과 비정상이란 범주로 세상을 가르고, 우리와 그들이라는 경계를 만들어 낸다. 그러나 더 심각한 문제는 이러한 편 가르기가 여기서 멈추지 않는다는 것이다. 사람들은 '저쪽'이 아닌 '우리'에 속해 있다는 사실에 안도하며 그러한 소속감을 유지하기 위해 세상을 나누지만, 이는 우리 세상을 더 편협하게 만들 뿐이다. 그렇게 좁아진 세계에서는 어떤 문제도 해결할 수 없다. 우리가 서 있는 구조의 전반적인 문제를 고민할 수 없도록 만들기 때문이다. 불평등과 불안 속에서 우리가 휘둘렸던 혐오의 말을 넘어, 우리를 불안하게 하는 진짜 원인을 고민해야 할 때다.

불과 10여 년 전까지만 해도 할리우드 영화는 종종 한국인을 '어글리 코리안Ugly Korean'으로 묘사하곤 했다. 비위생적이거나 혐오스럽거나 영어 문화권에 적응하지 못하고 자신들만의 언어로만 소통하는 등 '일그러진' 모습으로 표현되었다. 혹은 수학에만 천재적인 재능을 가진 것처럼 평면적이고 획일화된 양상으로 그려졌다. 마치 재한 중국 동포의 모습을 다루는 오늘날의 한국 영화와 닮았다.

당시에도 누군가는 할리우드에 쏟아지는 비판을 '과도한 PC주의가 재미를 망친다'는 식으로 방어했을지 모른다. 하지만 할리우드 영화는 예나 지금이나 전 세계적인 파급력을 가진 매체이고, 많은 사랑을 받는 만큼 큰 책임을 져야 했다. 그렇게 미디어 속 한국인과 아시안, 나아가 타 국가 출신들에 대한 스테레오 타입의 문제는 조금씩 개선되고 있다. 분명히 유의미한 변화가 생긴 것이다. 아시아 시장의 거대한 티켓 파워를 의식했다는 해석도 있지만 어쨌든 주인공의 인종이 다양해지고 혐오나 편견을 뛰어넘어 입체적인 캐릭터들이 나온다는 점은 의미 있는 진전이 아닐 수 없다.

길지 않은 시간 동안 한국의 콘텐츠 시장은 유례없는

속도로 성장했다. 강력한 영향력을 가진 한국 창작자들이 올챙이 시절을 잊어버린 개구리가 되지 않기를, 잘못된 편견을 만들어 한국인을 불편하게 했던 할리우드 창작자들의 과거를 되풀이하지 않기를 바란다.

　창작자들이 어떤 악의를 가지고 이런 콘텐츠를 만들었을 거라곤 생각하지 않는다. 그들은 자신이 만들어 내는 이야기에 최선을 다했고 단지 열정 넘치는 과정 속에서 신중한 검토가 부족했을 뿐이리라. 이런 부분에 대한 문제 제기가 누군가에겐 불편하거나 귀찮겠지만, 소수자를 사려하는 콘텐츠를 만드는 중요한 분기점이 될 것이다. 또 이런 문제를 제기하면 할수록 우리 콘텐츠가 가진 파급 효과만큼 선한 영향력도 점차 강해질 것이라 믿는다. 창작자들이 자신의 이야기에 담은 진심만큼 그 이야기를 둘러싼 세상의 목소리에 귀 기울일 때 모든 사회 구성원이 만족하는 콘텐츠가 만들어진다. 혐오와 편견을 만들어 내는 콘텐츠가 아닌, 다양한 존재를 포용하는 콘텐츠와 이를 즐기는 사람들이 많아지는 내일이 되었으면 한다.

차별과 혐오는 쓰레기
종량제 봉투에 버리세요

10여 년 전, EBS의 교양 프로그램 〈지식채널e〉 중 캐나다의 이민자 정책을 다룬 에피소드를 시청한 적이 있다. 이민자의 다양성을 포용하는 유명한 캐나다의 '모자이크 문화'에 대한 이야기가 매우 인상 깊었다. 다문화에 대한 담론이 본격적으로 대두되던 시기였지만 아직 우리나라에서는 상상할 수 없는 모습이 많았다. 한국인과 외국인을 분리하는 데 익숙했던 우리 사회에 시사하는 점이 많은 다큐였다고 생각한다.

그중에서 가장 기억에 남았던 것은 어느 대학교의 시험지였다. 시험지의 맨 앞 장에 각종 안내 사항이 몇 페이지에 걸쳐 적혀 있었다. 해당 대학에 재학 중인 여러 국가의 학생들을 배려해 각각의 언어로 번역했기 때문이었다. 물론 캐나다의 모든 대학이 그런 것은 아닐 것이다. 그래도 한국어가 아닌 시험지를 경험해 본 적 없는 내 입장에서는 그런 세심한 배려가 큰 충격이었고 '역시 선진국은 다르구나' 싶었다. 한편으로는 대한민국에는 아직 먼 미래의 이야기라는 생각이 들었다.

코로나19 팬데믹을 거치며 그 당시의 기억을 다시 한번 떠올린 계기가 있었다. 코로나19에 대한 정보를 검색하던 중 '질병통제예방센터'라는 한국어 사이트를 발견했다. 코로나 초창기였기 때문에 질병관리본부라는 명칭에 대해 잘 알지 못했고, 얼핏 이름이 비슷해서 우리나라의 보건 기관일 거라 여기며 접속했다. 홈페이지의 디자인과 화면 구성이 충분히 신뢰할 만했기에 찬찬히 정보를 탐색하기 시작했다.

하지만 화면을 스크롤하면서 가장 아랫 부분에 도착한 나는 놀라지 않을 수 없었다. 그곳에 적힌 기관의 주소가 한국이 아닌 미국 주소였던 것이다. 알파벳으로 적혀 있기도 했거니와 주소를 기재하는 순서와 체계도 국내 주소와 완전히 달랐기 때문에 모를 수 없었다. 우리나라 보건 당국의 사이트라고 확신했던 홈페이지는 바로 미국의 보건 정책을 총괄하는 정부 기관 CDC(질방통제예방센터)에서 운영하는 사이트였다.

이 홈페이지에 대한 신뢰는 순식간에 의심의 눈초리로 바뀌었다. 미국 기관의 홈페이지가 한국어 서비스를 제공할 리 없을 거라 생각했다. 혹시 구글의 자동 번역 기능이 사용된 건 아닌지 확인해 보았지만 기계적인 자동 번역치고는 너무 매끄러웠다. 아무리 번역 기술이 뛰어나도 이 정도로 자연스럽진 않을 것 같았다. 홈페이지의 '언어 선택' 메뉴에 한국어 옵션이 있다는 사실을 확인하고서야 기관이 공식적으로 제공하는 한국어 사이트라는 사실을 깨달았다.

이를 계기로 한국어 공식 사이트를 제공하는 미국 정부 기관이 적지 않다는 사실도 알게 되었다. 영어를 할 줄 모르는 한인이 적지 않다는 사실은 익히 들었지만 미국 정부가 이들을 위해 서비스하고 있을 거라곤 상상하지 못했다. 한국어뿐이 아니었다. 미국은 스페인어, 중국어, 아랍어 등 다양한 언어로 행정 서비스 안내를 제공하고 있다.

행정 정보의 번역판 제공은 이민자에 대한 강경책을 펼쳤던 트럼프 정부에서도 변하지 않았다.

이걸 보면서도 선진국의 일이라고만 생각했다. 행정 서비스의 다국어 지원은 궁극적으로 옳은 방향이지만 한국에서는 시기상조일 것 같았다. 아직 단일 민족이라는 자부심과 외국인에 대한 경계심이 강한 한국 사회에서는 머나먼 과제처럼 느껴졌다.

종량제 봉투에 적힌 우리의 현주소

그러나 이것이 미래가 아닌, 현재의 이야기라는 사실을 깨달았다. 그 계기는 다름 아닌 종량제 봉투였다. 매일같이 사용하는 종량제 봉투는 내가 시기상조라고 생각했던 미래가 이미 한국 사회의 현주소임을 증명해 주었다. 무심히 지나쳤던 종량제 봉투에는 깨알 같은 글씨로 중국어 간체자가 적혀 있었다. 물론 이는 오래전부터 알고 있었지만 지금까지는 별 생각 없이 넘겨 왔다. 중국어 병기가 시작됐을 즈음에 잠시 신기함을 느꼈을 뿐이었다.

이제 중국어, 일본어, 영어 등이 적힌 종량제 봉투를 사용하는 지자체가 많아졌다. 구로구는 이러한 종량제 봉투를 아주 일찍부터 도입한 지역 중 하나다. 2011년 뉴스를 찾아보면, 구로구는 이때부터 종량제 봉투 판매소에 중국어를 병기하는 서비스를 시행했다. 중국어 종량제 봉투를 도입하기 전부터 나름의 방식으로 서비스를 제공한 것이다. 어느 지자체가 최초였는지는 모르겠지만 구로구가 초창기부터 이 정책을 실시한 것은 분명하다.

어쩌면 당연한 수순이다. 구로구는 거주자 중 외국인 비율이 서울에서 가장 높은 지역이다. 전체 구민의 10퍼센트를 넘긴 건 10년이 다 되어 간다. 이런 상황에서 10퍼센트의 인구를 고려하지 않고서는 성공적인 정책 수행이 불가능해진다. 모든 구민이 지자체의 폐기물 정책을 인지하고 준수할 때 비로소 깨끗한 환경을 만드는 목표를 달성할 수 있기 때문이다.

외국인에 대한 부정적인 감정을 가진 이들은 '한국 사람도 아닌데 이런 것까지 신경 써 줘야 하나', '게네가 들어오고 싶어서 온 건데 왜 내 세금을 쓰냐'라며 비아냥거리기도 한다. 로마에선 로마법을 따라야 한다는 오랜 격언을 인용하며, 아쉬운 그들이 한국어를 배우고 적응해야 한다고 주장한다. 하지만 이것은 그들에게 시혜적으로 제공되는 서비스 차원의 문제가 아니다.

　이민자 강경책을 실시했던 트럼프 정부가 외국어로 번역된 행정 안내를 괜히 유지했겠는가. 이런 서비스는 단순히 이민자들만의 문제가 아니라 정부 차원에서도 중요한 문제다. 미국 내 외국어 사용자 중 한국어는 10위 안에 해당하는데 이는 인구 통계학적으로 무시할 수 없는 수치다. 미국 거주자 중 영어를 사용하지 않는 사람은 전체 거주자의 20퍼센트를 넘는다. 영어로만 행정 서비스를 제공했을 때 해당 정보를 활용하지 못하는 사람이 5명 중 1명 이상이라는 점은 정부 입장에서도 큰 손해다.

　특히 범죄나 안전, 보건이나 건강에 대한 영역을 생각하면 이러한 서비스는 더욱 중요하다. 코로나 시국을 통해 모두가 느꼈겠지만, 정부의 보건 정책이나 수칙을 모든 시민이 철저히 준수해야 문제 해결을 위한 비용을 줄일 수 있다. 물론 악의를 가지고 일부러 준수하지 않는 이들도 있지만, 단순히 몰라서 그랬던 거라면 거기에는 정부의 책임도 있다. 미국 같은 사회에서 영어를 읽지 못하는 적지 않은 수의 사람이 정책을 준수하지 않는다면 어떤 문제가 발생할까? 오롯이 정부와 사회가 해결해야 할 비용으로 돌아올 것이다. 그 비용이 세금이라는 형태로 시민들에게 전가되리라는 것도 의심의 여지가 없다.

　외국어로 된 시험지도 어쩌면 배려의 차원이 아니라 사회적 효용을 위한 사안이었을지 모른다. 자세한 사정을 알 수 없는 나는 세심한 배려라며 감동했지만, 학교 당국의 시선에서 보자면 조금 달라질 수 있다. 충분한 능력을 갖춘 학생이 언어의 장벽 때문에 교육 과정을 이수하지 못하고 이탈하면 학교는 물론 사회 전체로도 인재를 놓치는 손실을 낳게 되니까.

　혹자는 '선의를 그리 냉정하게 말하나' 할 수도 있다. 그러나 정책과 행정에서 중요한 건 선의나 호의가 아니라 정확한 계산과 체계적인 시스템이다. 소수자에 대한 포용 정책을 지지하는 사람들은 그것이 올바른 방향이면서 잠재적으로 사회에 더 큰 효용을 가져다준다고 주장한다. 올바름 이전에 효용을 주장해야 하는 현실이 슬프지만 이것이 우리가 마주하는 현실이라는 점은 분명하다. 무엇보다 선의와 호의만으로는 어떤 것도 변하지 않는다. 시스템이 뒷받침되어야 비로소 변화가 완성되는 법이다.

　비수도권에서는 외국인 인구 비중이 수도권과는 비교할 수 없는 속도로 증가하고 있다. 출생률 감소와 생산 가능 인구 이탈로 고령화가 계속되면서 부족해진 노동력을 이주 노동자가 채우고, 결혼을 위한 이주 또한 늘어나는 추세다. 가뜩이나 인구가 적은 비수도권에서는 이러한 변화가 더 큰 영향을 미친다. 학령 인구 감소로 폐교 위기에 놓인 학교가 늘어 가는 와중에도 외국인 부모 밑에서 태어난 자녀의 비율은 증가하는 상황이다.

지방의 학교와 교육청은 이와 같은 상황에 대처하기 위해 다국어로 된 가정 통신문을 배포하고, 공지 사항이나 자녀의 학교생활을 통역해 주는 인력을 고용한다. 내가 먼 미래의 일로만 여겼던 일들이 오늘날의 대한민국에서 진행되고 있다.

한국의 출생률 감소와 지속적인 외국인 노동자 유입 때문에 '이러다간 대한민국이 외국인에게 점령당한다'고 혐오 섞인 시선을 던지는 이들도 있다. 단순히 개인적인 걱정의 차원을 넘어 기사 제목에서도 어렵지 않게 찾아볼 수 있다. 미디어가 잘못된 혐오 감정을 조장하고 있는 셈이다. 이런 잘못된 걱정을 하는 이들에게 말하고 싶다. 당신들의 걱정은 사실 미래가 아니라 오늘의 일이라고. 그것은 염려의 문제가 아니라 우리가 적응해야 할 사회의 단면이라고 말이다.

그들은 한국의 미래를 짊어져야 하는 존재들이기도 하

다. 2022년, 대한민국은 최초로 통계상 인구가 감소했다. 전쟁 통에도 줄지 않았던 인구가 처음으로 감소세에 진입한 것이다. 지금껏 한국 사회는 만 15세에서 64세 사이 생산 가능 인구의 증가가 경제 성장을 유발하는 인구 보너스 효과를 누려 왔다. 하지만 이제는 역으로 생산 가능 인구의 감소로 인해 경제도 함께 침체되는 인구 오너스Onus 효과를 걱정해야 하는 처지다. 경제 침체와 장기적인 디플레이션의 기로에 놓인 대한민국에게 생산 가능 연령의 외국인은 아주 중요한 존재다. 확실한 것은 이 모든 게 미래가 아닌 현재의 일이라는 점이다.

의미 있는 일은 언제나 어렵다

최근 나는 이주민 문제를 사람들에게 설득할 때 생산과 노동력의 관점에서 접근한 것을 반성하고 있다. 어떤 사람이 사회에서 시민으로 인정받는 데에는 노동력 같은 도구적 관점에 앞선 인간으로서의 존엄이 중요한데, 지금까지의 내 관점은 이주민들을 '경제력을 위한 도구'로 전제하고 있었기 때문이다.

우리나라 정치권에서는 보수 정당 정치인들이 이민자에 대한 차별과 혐오 정서를 이용해 지지율을 높여 온 전력이 있다. '혐오는 표가 된다'는 믿음에서다. 하지만 그들의 태도가 최근 전향적으로 바뀌고 있다. 대표적인 사례가 바로 홍준표 대구광역시 시장이다. 이슬람 사원 건립을 반대하며 공사장 앞에서 돼지고기 파티를 벌인 이들에게 '이슬람 포비아를 만드는 특정 사이비 기독교 세력은 추방되어야 한다'며 무슬림의 편을 들어주었다. 지금까지 그가 보수 세력의 전통적인 자국민 중심주의를 기반으로 성장했음을 생각하면 의아한 지점이 있다. 게다가 그는 경찰이 허가한 대구퀴어축제를 무산시키려고 시 공무원들을 동원해 충돌을 일으키는 등 여전히 혐오 기반 정치를 펼치고 있기에 더욱 의구심이 들었다.

　이러한 행보에 대해 사회학자 엄기호 교수는 성소수자와 이주 노동자를 향한 그의 엇갈린 태도에 주목한다. 성소수자를 저출생과 인구 감소, 가족 해체의 주범으로 지목하는 반면, 이주 노동자는 대구를 비롯해 인구 감소로 어려움을 겪는 비수도권 지역의 전체 인구와 생산 가능 인구의 증가를 불러올 '공공성'을 가졌다고 본 것이다. 다시 말해 한 사회의 구성원으로서 포용을 결정하는 태도는

인간으로서의 존엄도, 인권적인 가치도 아닌 '경제적 가치'로 판단되는 것이다.[*]

이러한 태도가 이주 노동자에 대한 포용적 관점을 가져다줄지라도 결국엔 '생산적이지 못한 사람'에 대한 배척으로 이어질 수 있다는 점에서 위험하다. 일반적인 형태의 노동에 참여할 수 없는 아동과 노인, 장애인은 물론 출생을 통한 노동력 재생산에 기여하지 않는다는 이유로 배척당하는 성소수자처럼 말이다. 이주민 또한 노동력과 가족 재생산에 기여하지 못하면 언제든 '필요 없는 존재'로 정의될 수 있는 위험마저 존재한다.

바로 이것이 노동력 관점에서 이주민 문제를 설득해 온 내 논리가 영원히 활용될 수 없는 이유다. 누군가를 포용하기 위해 다른 누군가를 배척하는 논리를 활용할 수는 없으니까. 앞으로 더 많은 구성원과 함께하기 위해 더 많이 공부하고, 내가 누군가를 배척하는 것은 아닌지 돌이켜봐야 한다는 걸 새삼 깨달았다.

분명한 것은 이제 우리의 차례라는 점이다. 국제 사회의 여러 분야에서 대한민국의 활약이 돋보이기 시작하자

* 엄기호, 〈홍준표, 이준석 포용한 '포비아'…이념의 족보가 없다〉, 《한겨레21》, 2023년 6월 28일.

사람들은 선진국 반열에 진입했다며 열광한다. 하지만 그 열광 뒤에는 지금껏 우리가 신흥국 입장에서 바라본 선진국의 환상이 깔려 있다. 선진국에 진입하기만 하면 마냥 세상이 좋아지고 살기 편해질 것이라는 생각에서다.

하지만 사회가 고도화되고 발전하면 그만큼 더 복잡하고 어려운 문제들이 생긴다. 이민자 문제만 해도 그렇다. 지금 우리가 논하는 문제들은 선진국들이 이미 거쳐 온 길이자 거쳐 가고 있는 길이다. 지금까지 생산성이라는 명분하에 공론장에 참여조차 할 수 없었던 소수자의 존재를 확인하고 함께 생각해야 할 때다. 이러한 논의 과정이 우리를 더 불편하고 어렵게 만들 수도 있다. 그럴 때마다 나는 '의미 있는 일은 언제나 어렵다'는 홍세화 작가의 말을 떠올리고 싶다. 우리가 어려운 길을 가는 게 아니라 어려운 길이기 때문에 그곳으로 나아가야 한다는 그의 말을 되새기며 내일을 준비하려 한다.

모두에게 어려운 길일 것이다. 우리가 환상 속에 그려왔던 선진국의 모습과 정반대의 길을 갈지도 모른다. 그런 순간들을 마주할 때 '선진국인데 왜 이런 식이냐'며 불평할 게 아니라, 이제 우리 차례가 되었음을 깨달아야 하지 않을까? 더 이상 부정하지 말자. 이제, 우리 차례다.

지금, 여기, 구로동

드라마에서 만난 구로동

언젠가 우리 아파트 단지 내에서 드라마 촬영이 있었다. 드라마 촬영은 힙하거나 유명한 동네에서만 하는 건 줄 알았던 내게는 신선한 경험이었다. 두 작품이 기억나는데 〈별에서 온 그대〉와 〈응답하라 1988〉이었다. 두 작품 모두 엄청난 화제작들이라 촬영이 시작되기 한참 전부터 동네에 소문이 자자했다. 게다가 당시 대세 배우였던 김수현과 박보검이 나오는 장면을 찍는다는 소식에 학교 아이들은 설렘으로 들떠 있었다.

두 작품 모두 챙겨 보진 않았지만 우리 동네가 나오는 장면은 인터넷에서 일부러 찾아보았다. 동네에서 드라마를 촬영했다는 사실보다 드라마가 구로동이라는 공간을 비추는 방식이 더 흥미를 자극했다.

〈별에서 온 그대〉에서는 주인공 도민준(김수현 분)이 지방 소도시에서 벌어진 사고 때문에 그 지역의 경찰서를 찾는데 그 장면의 무대가 되었다. 드라마에 등장한 파출소는 실제로는 꽤 넓은 도로변의 단층 건물에 위치해 있다. 하지만 매일 그곳을 지나다니면서도 의식하지 못했는데, 막상 영상 속 모습을 보니 정말 한적한 지방 소도시 국도변에 있는 자그마한 파출소처럼 보이는 것이었다. 같은 공간에 대해 친숙한 내부자와 낯선 외부자가 가진 이미지가 이렇게 다를 수 있다는 점이 놀라울 따름이었다.

〈응답하라 1988〉은 제목에서도 알 수 있듯 1980년대 말에서 1990년대 초반을 시대적 배경으로 한 작품이다. 동네 구석에 위치해 사람들의 발길이 쉬이 닿지 않는 상가가 촬영지였다. 실제로 그 상가는 1990년대에 지어졌는데 이후 계속되는 소유권 분쟁 등으로 인해 관리가 소홀해져 당시 모습을 그대로 간직한 채 시간이 흘렀다. 사람 흔적이 없다 보니 동네 사람들 사이에서도 밤에 방문하기 으스스한 상가라는 인식이 있을 정도였다. 1980년대가 배경인 드라마의 로케이션 장소로 최적이라고 볼 수도 있겠다. 극중에서 경양식집 복도가 배경인데 그곳에서 주인공 성덕선(혜리 분)이 바바리 맨을 목격한다. 겁에 질려 주저 앉은 그에게 최택(박보검 분)이 다가가 위로해 주는데, 이 사건을 계기로 두 사람 사이에 사랑이 싹트게 된다.

　서울 변두리의 오래된 베드타운이긴 하지만 엄연히 이 동네도 21세기 서울의 공간이다. 하지만 창작자들의 감각 과 드라마의 서사가 결합되니, 카메라 앞에서 이곳은 지 방의 변두리 지역과 20세기 공간으로 다시 태어났다. 하 나의 공간에 살고 있지만 서로 다른 시공간의 세계를 공 유한다는 생각이 들어 평소에는 몰랐던 신비로움이 느껴 졌다. 한편으로 드라마가 구로동을 담아낸 방식이, 내가 이 책을 쓰면서 느낀 구로동의 모습과 상당히 닮았다는 생각도 들었다.

20세기와 21세기, 중심과 변방의 교차로

내가 살고 있는 구로동은 21세기의 서울에 위치해 있다. 지금까지의 삶 대부분을 이곳에서 보낸 내게 구로동은 언제나 21세기의 중심부에 속해 있었다. 하지만 구로동을 둘러싼 이미지 대부분은 20세기적인 변방의 이미지에 가까웠다. 아마도 20세기 산업화 시대를 상징하는 구로공단 이미지가 상당히 오랫동안 사람들의 머릿속에 각인되어 왔기 때문일 것이다.

어느 한쪽이 맞고 다른 한쪽은 틀렸다고 생각하지 않는다. 양쪽 모두 엄연한 구로동의 정체성이다. 이런 점에서 구로동은 마치 하나의 거대한 교차로처럼 느껴진다. 서로 다른 목적지로 향하던 사람들이 교차로라는 기점에서 마주치듯 20세기와 21세기, 그리고 중심과 변방이라는 복합적인 시공간은 구로동에서 만난다. 그렇게 이곳에서는 과거와 현재, 그리고 미래가 함께 축적된 미묘한 시공간의 감각을 느낄 수 있다.

'한강의 기적'으로 표현되는 경제 발전과 산업화는 구로공단의 이미지와 함께 고스란히 구로동에 남았다. 원래는 서울 변방의 평야였을 이곳이 산업화 시대에 조성된 공단과 함께 도시로 성장했고, 21세기의 구로동은 여전히 그 유산을 안고 살아간다. 20세기적인 이미지를 벗어나기 위해 구청과 일부 주민들이 노력하지만 쉽지 않은 것도 사실이다. 공단을 바탕으로 형성된 동네인 만큼 구로공단 이미지를 벗는 것은 결국 탄생 과정으로부터의 도망에 가

깍기 때문이다.

그 자리를 이은 디지털 단지는 젊음과 혁신이라는 긍정적 이미지를 부여받았다. 제조업 중심 국가에서 첨단 산업 주도 국가로의 전환을 꿈꾸던 20세기 사람들의 장밋빛 환상이 투영된 결과다. 하지만 첨단 산업이 새로운 표준이 된 21세기의 우리는 첨단 산업의 그림자와 끊임없이 마주한다. 화려하고 깨끗해 보이는 그곳의 노동에서 산업화 시대 노동의 흔적을 발견할 수 있으며 때로 더 악화된 모습을 발견하기도 했다. 그렇게 첨단 산업을 향한 20세기의 환상과 21세기의 현실은 구로동에서 만나고 있는 셈이다.

이민자를 향한 시선을 생각해도 그렇다. 오늘날 구로동을 향하는 시선의 상당 부분은 중국인 밀집 지역, 나아가 이주민 밀집 지역에 대한 시선과 맞닿아 있다. 나날이 증가하는 이민자들에 대한 불안과 공포, 그리고 혐오가 고스란히 담겨 있다. 이민자들의 유입과 노동, 그리고 그들이 정착해 대한민국의 일원이 되는 과정은 21세기를 대표하는 현상인 세계화와 함께 일찍이 예견된 현상이나 마찬가지다. 하지만 그러한 변화가 여전히 낯선 우리는 세계화 이전의 시각으로 이민자들을 바라보곤 한다. 그렇게 구로동의 중국인 밀집 지역에서도 20세기와 21세기의 감각이 만나게 된다.

변화의 최전선에서 기대하는 새로운 만남

이렇듯 서로 다른 시간이 교차하는 구로동은 어쩌면 다른 지역보다 조금 먼저 미래를 살고 있었는지도 모르겠다. 제조업에서 첨단 산업으로의 전환, 첨단 산업에 대한 환상과 현실, 그리고 이민자들의 점진적인 증가 모두 한국 사회가 21세기로 넘어가는 과정에서 마주한 주요 변화들이다. 구로동은 이 모든 것의 최전선이기도 하다.

구로동이 변화의 최전선으로 존재해 온 이유는 변방과 중심이 만나는 교차로에 있기 때문이 아닐까 생각한다. 서울 중심부 입장에서 구로동은 변방이지만 수도권 외 입장에서 구로동은 서울에 속해 있으므로, 변방과 중심부의 중간에 서 있다고 할 수 있다. 바로 이 점이 다채로운 가능성을 만들어 냈다고 생각한다.

어떤 변화는 최첨단 요소들이 집결된 중심부에서만 이루어진다고 생각하기 쉽다. 흔히 핫 플레이스라 불리며 최신의 트렌드를 이끌어 가는 동네에서 변화가 일어난다고 말이다. 하지만 꼭 그렇지만은 않아 보인다. 이미 모든 것이 견고하게 완성된 중심부와 달리, 아직 빈 공간이 남아 있는 변방에서 오히려 더 활발한 변화가 일어난다. 다양한 가능성을 타진할 수 있고 과감한 시도도 가능하기 때문이다. 그리고 그렇게 변화를 이끌어 낸 변방은 그 변화의 중심에 서기도 하는데, 구로동이 거쳐 온 시간들이 이를 증명한다.

산업화 시대에 도심과 인접한 공업 단지의 필요성이 대두되었고 그 과정에서 서울의 변방인 구로동이 적임지로 선정되었다. 중심부에 진입할 수 없었던 공장들은 구로공단이라는 서울의 변방에서 새로운 흐름을 만들어 갔다. 그 과정에서 경제 성장이 이루어졌는가 하면, 이면의 그림자를 밝히려는 노동 운동의 중심지가 되기도 했다.

구로동에 중국인 밀집 지역이 형성될 수 있었던 이유도 변방의 가능성 때문이었을 것이다. 일자리가 많은 서울에 거주해야 하지만 높은 임대료를 감당하기는 어려운 이주 노동자들은 비교적 저렴한 변방으로 향해야 했다. 그래서 선택받은 곳이 서울에서 평균 임대료가 가장 낮은 지역 중 하나인 구로동이었고, 그렇게 또 하나의 커뮤니티가 형성되었다. 그리고 이주 노동자 관련 문제를 가장 먼저, 그리고 직접적으로 경험한 지역이 되었다. 변방이라는 정체성은 이민자들에게 새로운 가능성을 가져다주었고, 구로동에게는 새로운 의제의 중심이 될 가능성을 선사했다.

이렇듯 변방은 중심에서 밀려난 존재이지만 그래서 오히려 변화와 가능성을 더 적극적으로 타진할 수 있다. 그리고 변방에서 일어난 변화는 언젠가 중심부에 영향을 미칠 수밖에 없다. 중심부가 변화의 선봉장인 듯 보이지만, 어쩌면 그 변화들은 변방이 겪어 온 시간들의 축적물일지도 모르겠다.

이 책을 쓰면서 나는 흐릿하게 경험해 온 구로동의 오늘을 더 선명하게 마주할 수 있었다. 그리고 오늘의 시간들을 만들어 온 과거의 흔적과 새로운 변화의 가능성 또한 함께 경험할 수 있었다. 하나의 거대한 교차로와 같은 구로동에서 앞으로의 만남들을 기대하게 되었다.

글을 쓰는 시간은 잊었던 기억들을 끄집어내는 과정이기도 했다. 구로동에 남겨진 과거의 흔적을 발견하듯 내안에 남겨진 구로동의 흔적들을 만날 수 있었다. 그 과정에서 구로동은 새로운 모습과 색깔, 다채로운 가능성을 보여 주었다.

당신 또한 그런 경험을 만날 수 있었으면 한다. 서로 다른 시공간이 구로동이라는 거대한 교차로에서 만나는 것처럼, 서로 다른 길을 걸어온 여러분과 내가 이 책에서 만날 수 있기를 바란다. 그리고 언젠가 우리 모두가 이곳에서 만나기를 기대해 본다. 지금, 여기, 구로동에서.